すぐやる人に変わる
心理学フレームワーク

佐々木正悟
Shogo Sasaki

実業之日本社

あなたは忙しい人なので、
心理学フレームワークを!

プロローグ

● 今なぜ心理学フレームワークなのか？

心理学というのはとても幅の広い学問です。

ちょっと見ただけでも、社会心理学、教育心理学、行動心理学、臨床心理学、産業心理学、経済心理学、宗教心理学あるいはスポーツ心理学など、いろいろな言葉の後ろに「心理学」とつければ何でも通ってしまうのではないかというほど、どんなことにでも応用されています。

ビジネスの現場にも、一見いかにも応用が利きそうに思えます。

仕事をする上で、知的スキルを効果的に高める必要はありますし、円滑な対人関係を築くことも大事です。それらは「心理」抜きに考えられないことのはずです。営業やマーケティング、ストレス対策などにも心理学の知識を活用できそうです。

それなら、ビジネスパーソンは、どんな心理学をどのくらい勉強したらいいのでしょうか？

この問いに答えることは意外に難しいのです。

実のところ、ビジネスパーソンが、心理学の何をどのくらい学べば仕事に役立つのか？ という問いへの答えは、まだ明確には用意されていないのです。

● 心理学という深い海へ

　だからといって、心理学がビジネスの役に立たないわけではありません。それどころか、**非常に役立つフレームワークがたくさんあります。**

　先ほど「いろいろな分野の後ろに心理学とつけるだけで通ってしまいそうだ」と書きました。そのようないろいろな分野にまたがった学問ゆえに心理学は学際的といわれます。その分野に潜む、たくさんの知見の中から、ビジネスパーソンに役立ちそうなテーマを集中的に抽出すれば、有益な情報が驚くほど活用できることを発見できるはずです。

　たとえば、経済心理学で明らかにされた事実は、値づけやマーケティングに活用できます。

　また、生理心理学の知見から、ストレスというものが身心に及ぼす影響を知ることができ、その悪影響を抑えることも可能です。

　さらには、社会心理学や行動心理学において、ビジネスパーソンに欠かせないモチベーションの高め方が盛んに研究されました。

　このような幅広い分野の、さまざまな知識を集めて十分に活用することによって、ストレスフリーなワークスタイルを確立することが可能になるわけです。

● 仕事に効く心理学コレクションを目指して

　もっとも、一般的なビジネスパーソンにそんなことをやっている暇はあ

りませんし、まるで雲をつかむような話に聞こえるかもしれません。

　ビジネス書として刊行されていれば便利なのですが、不思議なことにそういう書籍はほとんど登場していません。ニーズがあることは多くの人が知っているだけに、ぜひそのニーズに答えてほしいものです。

　本書は以上のような状況を踏まえ、今の時代に必要不可欠な「ビジネスパーソンにすぐ役立つ心理学」を見本市のように集めました。

　たとえば、既に言及した**「経済心理学（行動経済学）」は最近になって急速に発展してきた学問です。この分野から顧客とのコミュニケーションである価格帯の問題を扱うこともできますし、仕事をする人の意思決定についてもサポートできます。**

　特にホワイトカラーの方であれば、スピーディな情報処理が求められるでしょう。脳をコンピュータにたとえた認知心理学では、どうしたら人間の情報処理力が上昇するかについて、実験的事実を集めてきました。

　さらに、チームメンバーのモチベーションを高くキープするには、社会心理学の知見が大いに役立ちます。

　また、経済心理学（行動経済学）と並び、21世紀になって急速に発展した学問として、認知神経科学（脳科学）があります。脳についてはまだまだ謎だらけですが、検証されているわずかな知識だけでも、記憶力やアイデア発想力を磨くのに役立てられるのです。

　最後に、ストレスはビジネスパーソンが慢性的に直面している問題で

す。これについても心理学が役に立つことはいうまでもないでしょう。

　本書が網羅している分野は、今まで挙げた経済心理学、認知心理学、社会心理学、認知神経科学の他にも、発達心理学、深層心理学、臨床心理学など、十分な広さを確保していると自負しています。

　それも、ビジネスパーソンに即座に役立つものだけを厳選しました。

　ただし、実用性を重んじる視点から本書のようなビジネスシーンが想像される構成になってはじめて、忙しく現場で走り回っている人々の役に立てる情報になりました。

● 実用性・一覧性を求めて

　もちろん本書はただ単にビジネスに役立つ心理学をピックアップしただけではありません。必ずしも心理学の知識を豊富にお持ちでないビジネスパーソンでも、即座に無理なく読めるよう、さまざまな工夫を凝らしました。

　まず何より平易な表現を心がけ、心理学の専門用語などは極力省きました。もちろん「無意識」のように、既に日常で使われていたり、あまりにも有名になっている言葉はそのまま使っていますが、そうでない限り専門用語を使う際には必ずわかりやすい説明を加えています。

　そして、1項目あたりの文章量をできるだけ短く絞っています。より詳しく心理学を学びたいということであれば別ですが、まずは、知識を現場の役に立てるということであるならば、歴史から掘り起こすような長々と

した解説はかえって邪魔になりかねないでしょう。全78項目とも見開きで完結させられるように、情報量を簡潔にするべく努めました。

また、文章ばかりではなく図解で直感的に理解できるようにも工夫してあります。各項目を開いてパッと見ればある程度のことがわかるので、既に知っていることや他の項目との知識のネットワークが築きやすくなります。図解を通じて知識と知識がリンクし、総合的な理解へと至るわけです。

本書は、心理学を仕事に活用したいという読者のために書いたものです。ですから、全項目すべてに応用事例を挙げました。こうすることで、読者はご自分の状況に心理学の知識をどう応用していけばいいかが、一読でひらめくはずです。

既に述べた通り、心理学の教科書や辞書ではなく、ビジネスパーソンが仕事に役立てるための心理学書ですので、ぜひ事例のように、あるいは事例以上の活用を創造していただきたいと思います。

『すぐやる人に変わる 心理学フレームワーク』は、**実験に基づいた、より科学的な内容で、心理学者の間でも受け入れられているものを優先的に選択しています**。ですから、信頼性の点では安心してお読みいただけます。

● **科学データに基づいた「すぐやる人」になろう!**

幅広く心理学の知見をビジネスに生かしていただくということの他、本

書にはもう一つ大事なコンセプトがあります。行動的で「すぐやる人になる」ために役立つ本にしたかったということです。

もともと私自身、心配したり迷ったりして何でも先送りにして、さっぱり計画を実行に移さず、時間を無駄にするという心理を何とかしたい！と思って心理学を本格的に勉強したという経緯があります。「先送り問題」だけに絞って書いた本も、おかげさまで幅広い支持をいただくことができました。

知識をいくら得てもそれを現実の場面に活用しないままだったらあまり意味がないということは、ビジネス書が共通して直面する問題です。**すぐに読め、すぐに理解でき、直感的に活用の場面が思いつくようにしたのも、読者にすぐに応用してほしいと願っているからです。**

そのために全項目にわたって、「『すぐやる人』に変わるための一言」を並べました。これをぜひ生かしていただき、読んだ内容を現場のビジネスに即座に使っていただければ幸いです。

本書では幅広く心理学から役立つ理論をピックアップするために、網羅的であることを目指しました。もっとも、ビジネスに直結する経済心理学（行動経済学）に重きを置いた形になっています。第7章「マーケティングに使える経済心理学」だけでなく、全体を通してその知見を組み込んでいます。

経済心理学は心理学の中でも比較的新しい学問で、社会人の現場で既に活用されているものでありながら、現在も急速に発展している最中です。
　中心人物であるダニエル・カーネマンが2002年にノーベル経済学賞を受賞したことからも、世界的に注目を集めているという事実がうかがえます。ちなみに、ノーベル心理学賞という賞はありません。したがって心理学者がノーベル賞を受賞するというのはエポックメーキングな出来事だったのです。
　経済心理学のような学問の台頭があるとはいえ、心理学一般は多くの人にとってまだ縁遠い学問です。心理学は現実のあらゆる場面に必要で、またさまざまな場面で実際に役立つ知識の宝庫でありながら、たいていの人にはよく知られてもいないという非常に不思議な分野なのです。
　このような「もったいない」状況を打破し、ビジネスパーソンがごく普通の武器として心理学を理解するということを目指したのが本書です。1人でも多くの読者が本書の情報を用いて、ご自身のビジネス活動をより闊達にストレスなく進めることに役立てていただければ、筆者としてこれ以上の喜びはありません。

すぐやる人に変わる 心理学フレームワーク 目次

プロローグ 002

すぐやる人に変わるINDEX 018

第1章 仕事のスピードを劇的に向上させる認知心理学

001 記憶や思考のメカニズムを知る 022
Cognitive Psychology

002 キリの悪いところで切り上げた方が仕事ははかどる? 024
Zeigarnik Effect

003 未来をつくる仕事は、なかなか手がつかない? 026
Hyperbolic Discounting

004 マジカルナンバー7 プラスマイナス2 028
The Magical Number Seven, Plus or Minus Two

005 集中しやすい環境で仕事する 030
Cocktail-Party Effect

006 極度の集中力を発揮する 032
Flow

007 記憶をもっと強くする 034
The Seven Sins of Memory

008 「今年の目標」は1つだけにすること 036
Ego Depletion, Willpower

009 うまくいった仕事のやり方を
繰り返し思い起こすとうまくいく 038
Mood-Dependent Retrieval

010 思い出しやすいことは
起こしやすい 040
Availability Heuristic

第2章 あなたのモチベーションを高める社会心理学

- **011** 外的報酬がモチベーションを損なうこともある 044
  Intrinsic Motivation

- **012** 会えば会うほど好きになる？ 046
  Mere-Exposure Effect

- **013** みんなが手を挙げたら、釣られて手を挙げてしまう 048
  Comformity

- **014** 精神的健康のためには人間関係の改善を 050
  Choice Theory

- **015** 人の印象はどのようにして決まるのか？ 052
  Person Perception

- **016** 言ったとおりに動いてくれないとき 054
  Milgram Experiment

- **017** 自分のことは自分で決める 056
  Sense of Control

- **018** 具体的で現実的な目標設定がやる気を高める 058
  Self-Efficacy

- **019** 日本的な職場で働く人間関係のポイント 060
  タテ社会

- **020** 何をやってもうまくいかないと思い込んだら、やる気はなくなる 062
  Learned Helplessness

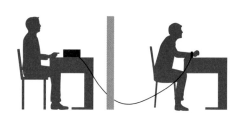

第3章 チーム力を高める産業心理学

- 021 チーム編成には適当な人数というものがある 066
  Social Loafing
- 022 「成功」にとらわれすぎない 068
  Superstitious Behavior
- 023 プロジェクトの魅力を高めるには 070
  Cognitive Dissonance
- 024 人は実験が好き 072
  Hawthorne Studies
- 025 他人に期待することのあなどれない効果 074
  Pygmalion Effect
- 026 言い訳を用意するところから始めていないか 076
  Self-Handicapping
- 027 どうしてそうしたかを説明しないと理解されない 078
  Attribution Error
- 028 人がいた方が仕事は進むのか? 080
  Social Facilitation
- 029 対人戦略の基本 082
  Prisoner's Dilemma
- 030 断られそうな頼み事をするとき 084
  Foot-in-The-Door Technique
- 031 先行する刺激は影響力大 086
  Priming Effect
- 032 チームメンバーに伝えるべきことはしつこく伝える 088
  Spotlight Effect

第4章 クリエイティブなアイデアを育む深層心理学

- **033** 創造的なチェックリスト　092
  Brainstorming

- **034** 意識の深層にあったアイデアを見つけ出す　094
  Collective unconscious

- **035** 書き出して整理するとアイデアが得られるのか？　096
  KJ法

- **036** どうすれば創造的な人になれるのか？　098
  Divergent Thinking

- **037** アナロジーで問題を解決する　100
  Analogy

- **038** 思考パターンを切り替える　102
  Lateral Thinking

- **039** セレンディピティに遭遇する　104
  Serendipity

- **040** 逆さまの発想力　106
  Affordance

第5章 頭も心も よくなる脳科学

- **041** 毎日がつらいビジネスパーソンのためのストレス対処法　110
  Mindfulness
- **042** 仕事で凹んだときの対処法　112
  Rational Emotive Behavior Therapy
- **043** もっと頭の中を整理しよう　114
  Cognitive Map
- **044** 作業に集中するためには記憶領域をあまり使わないこと　116
  Working Memory
- **045** スキーマがあるからよどみなく行動できる　118
  Schema, Script
- **046** 質を高めるにはシングルタスク！　120
  Multi Tasking
- **047** 脳をうまくだます　122
  Placebo
- **048** 昼寝も技術　124
  Rapid Eye Movement Sleep
- **049** 約束を守るために　126
  Prospective Memory
- **050** 仕事をする意味がわからなくなったとき　128
  Theory of Needs-Hierarchy
- **051** もっと仕事をスピーディにこなしたい　130
  Automaticity
- **052** お願いするなら「〜ので」をつける　132
  Automaticity
- **053** もっと新しい刺激に触れて脳と心を活性化する　134
  Neophilia

第6章 交渉する前に知っておきたい経営心理学

054 売上を伸ばすために価格を上げる　138
The Psychology of Price

055 売り込みたい相手には恩恵を与える　140
Reciprocation

056 外見に気をつけよう　142
Physical Attractiveness Stereotype

057 まず約束を取りつける　144
Cognitive Consistency Theory

058 ガツンとやってから少しずつ心を解きほぐす　146
Door in the Face Technique

059 とりあえず行列に並んでしまうから行列ができる　148
Herding Behavior

060 でっち上げてでも似たもの同士と思わせる　150
Chameleon Effect

061 決めやすいように配慮する　152
Analysis Paralysis

062 禁止の魔力　154
Reactance

すぐやる人に変わる 心理学フレームワーク 目次

第7章 マーケティングに使える経済心理学

063 寄付を募る **158**
Warm Glow Effect

064 自分はユニークだと思いがち **160**
False Uniqueness Effect, False Consensus Effect

065 他人が買ったモノが気になる **162**
Peer Effect

066 ブランド名はいつ伝えるか？ **164**
Brand

067 「98円」にすると売上は伸びるのか？ **166**
Odd Pricing

068 持ってしまうと手放せなくなる **168**
Endowment Effect

069 フリーミアムのパワー **170**
Freemium

070 おとり商品を用意する **172**
Asymmetric Dominance

すぐやる人に変わる 心理学フレームワーク 目次

第8章 心を柔らかくする ストレス心理学

- **071** 面倒ごとは一気に片づける **176**
  Psychological Adaptation

- **072** パニックに陥りにくくなる **178**
  Prefrontal Area

- **073** 言いたいことを呑み込むのをやめる **180**
  Assertion

- **074** そもそもストレスってあるの？ **182**
  Stress

- **075** ストレスへの対処は必須のスキル **184**
  Stressor

- **076** ストレスレベルを落とせば仕事もはかどる **186**
  Yerkes-Dodson's law

- **077** タイプA？ **188**
  Type A

- **078** 原因特定の仕方を変える **190**
  Locus of Control

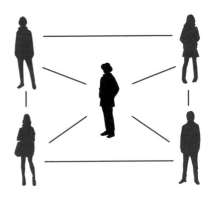

装丁　萩原 弦一郎、橋本雪（デジカル）
本文デザイン　若松隆（ワイズファクトリー）
校正　高橋彩子（デジカル）

すぐやる人に変わる INDEX

頁	No.	キーワード	行動
P180	073	アサーション	自己主張！
P100	037	アナロジー	似た構造を見つける！
P106	040	アフォーダンス	すべてを逆に考えてみる！
P094	034	意識の深層、普遍的無意識	無意識を意識する！
P036	008	意志力、自我消耗	目標は1つだけ！
P052	015	印象形成	温かさ！
P132	052	オートマティシティ	「〜ので」と使ってみよう！
P158	063	温情効果	寄付は心によい！
P142	056	外見的魅力	見た目が結果を生む！
P138	054	価格の力	安売りしない！
P062	020	学習性無力感	可能性リストアップ！
P030	005	カクテルパーティー効果、選択的注意	1つに集中する！
P150	060	カメレオン効果	ものまね！
P034	007	記憶のエラー	弱みを補強する！
P078	027	帰属のエラー	誤解をとく！
P038	009	気分適合的情報処理	ポジティブな感情で！
P096	035	KJ法	考えを可視化する！
P056	017	コントロール感	自らやる！
P058	018	自己効力感	身近な目標！
P130	051	自動性	自動処理能力を！
P080	028	社会的促進	難易度で選択！
P066	021	社会的手抜き	チームは5人以内で！
P082	029	囚人のジレンマ	シンプルな戦略を！
P176	071	順応	嫌なことはすぐやる！
P102	038	水平思考	非常識に考える！
P118	045	スキーマ、スクリプト	スクリプトを書いてみる！
P182	074	ストレス	ストレス解放！
P184	075	ストレッサー	小さなストレスも意識！
P088	032	スポットライト効果	伝える努力を！
P076	026	セルフ・ハンディキャッピング	先送りにしない！
P104	039	セレンディピティ	好奇心を！
P152	061	選択麻痺	選択肢はほどほどに！
P050	014	選択理論、現実療法	行為と思考を変える！
P178	072	前頭前野	読み・書き・計算！
P026	003	双曲割引	目前の課題にしてしまう！
P098	036	創造性、拡散的思考	できる人を観察！
P188	077	タイプA	タイプAなのかチェック！
P060	019	タテ社会	場を考慮する！
P046	012	単純接触効果	こまめなコミュニケーション！

頁	No.	キーワード	行動
p024	002	ツァイガルニク効果	途中でやめる！
p126	049	展望記憶	補助ツールを！
p146	058	ドアインザフェイス	堂々と実行する！
p048	013	同調	少数派で！
p044	011	内発的動機づけ	内なる思いを！
p162	065	仲間効果	口コミでたくみに決める！
p022	001	認知心理学	思考を巡らす！
p114	043	認知地図	空間関係を研ぎすます！
p144	057	認知的斉合性	YESと言ってもらう！
p070	023	認知的不協和	決定後に悩まない！
p134	053	ネオフィリア	新しさの追求！
p148	059	ハーディング	行列を利用！
p166	067	端数価格	カテゴリー！
p074	025	ピグマリオン効果	期待する！
p172	070	非対称の優位性	比較させる！
p160	064	フォールス・ユニークネス、フォールス・コンセンサス	他人の個性を尊重！
p054	016	服従の実験	上手に指示を出す！
p084	030	フットインザドア、段階的要請法	少しずつお願いする！
p086	031	プライミング	先に連想させる！
p122	047	プラシーボ	高めの栄養ドリンクを！
p164	066	ブランド	知識をうまく使う！
p170	069	フリーミアム	無料の特典！
p092	033	ブレイン・ストーミング	意見を否定しない！
p032	006	フロー	ギリギリに挑戦！
p140	055	返報性	まずは相手に与える！
p072	024	ホーソーン研究	仲間意識！
p168	068	保有効果	保有してもらう！
p110	041	マインドフルネス	深呼吸してみる！
p028	004	マジカルナンバー7プラスマイナス2	チャンクする！
p120	046	マルチタスク	むしろシングルタスクで！
p068	022	迷信行動	成功体験を捨ててみる！
p186	076	ヤーキーズ＝ドッドソンの法則	逆U字！
p128	050	欲求階層説	より高い欲求を！
p154	062	リアクタンス	禁止をうまく利用する!!
p040	010	利用可能性ヒューリスティック	「すぐ行動したこと」を記録！
p124	048	レム睡眠	眠ることも仕事！
p190	078	ローカス・オブ・コントロール	楽観主義！
p112	042	論理療法	信念は変えられる！
p116	044	ワーキング・メモリー	技能を磨け！

第1章
仕事のスピードを劇的に向上させる認知心理学

今どきのビジネスパーソンであれば誰しも、残業を減らし、競争力をつけるために、少しでも仕事のスピードをアップしたいと思っているでしょう。人の心をコンピュータにたとえた認知心理学は、情報処理の速度を上げ、仕事をすばやく終わらせるためのヒントがつまっている分野です。

001 | 記憶や思考の メカニズムを知る
Cognitive Psychology

● 認知心理学ってなんだ?

　認知心理学とは、知覚、記憶、言語、思考、学習などの認知機能の解明を目指した心理学の一分野です。1950年代で急速に発展した後に「認知革命」と呼ばれるようにもなりました。
　記憶や思考を扱う心理学のこの分野は、一般的なオフィスワークにも非常に関係する分野です。ですから、ビジネスに役立つ心理学を学びたいと思ったら、最初にチェックするべき分野であるといってもいいすぎではありません。

● 認知がビジネスに役立つ例

　「認知心理学」という語が実際に最初に用いられたのは、1967年のことです。ウルリック・ナイサーが『認知心理学』という著書を刊行し、記憶や思考といった課題について考察し、この用語を考案しました。
　しかし、「認知心理学」の起源はもっと古くからありました。
　1929年に『ゲシュタルト心理学』を刊行したヴォルフガング・ケーラーは「チンパンジーの洞察」という有名な実験を行っています。
　この実験でチンパンジーからは手の届かないところにエサが置かれています。もちろんチンパンジーは最初手を伸ばすことでなんとかエサを取ろうとするのですが、それができないのでかんしゃくを起こします。
　しかし、チンパンジーはしばらくすると、自分の居場所の近くにある棒や箱などの道具を使ってなんとかエサをたぐり寄せようと試行錯誤し、実際に

◉──すぐやる人 ▶▶▶ 思考を巡らす!

エサを手に入れるに至ります。このときチンパンジーの心の中で**「そうか！こうすればいいんだ！」**という洞察が起こっていると考えられます。

私たちの洞察はもっと高度なものを多く含みますが、問題を解決する際、心の中でシミュレーションし思考を巡らせ、洞察にたどり着くという経緯は共通しています。そのような仕組みを解明しているのが認知心理学という分野なのです。

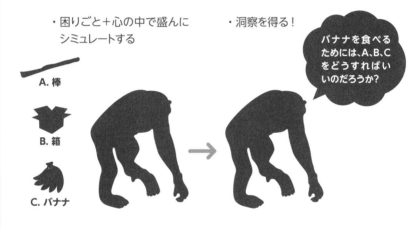

図1　チンパンジーの洞察
「こうすればいいんだ!」の仕組み

- 困りごと＋心の中で盛んにシミュレートする
- 洞察を得る！

バナナを食べるためには、A、B、Cをどうすればいいのだろうか？

A. 棒
B. 箱
C. バナナ

応用してみよう！
ビジネスで何か困った問題を解決しなければならないとき、普段よくやるようにネットで検索したり書籍を参考にするのではなく、ひたすら自分の頭だけで能動的に解決するよう努めてみましょう。何かしらの洞察に至ることができれば、自分の頭は決して「空っぽ」なんかではないことがわかり、自信がつきます。

ヴォルフガング・ケーラー
ゲシュタルト心理学の中心人物の1人。1921年からベルリン大学教授をつとめたが、ナチズムを逃れアメリカに渡り、スワースモア大学教授に就任した。道具を用いた洞察行動を、チンパンジーが表すことなどを明らかにした。

第1章　仕事のスピードを劇的に向上させる認知心理学

002 キリの悪いところで切り上げた方が仕事ははかどる?
Zeigarnik Effect

● ツァイガルニク効果ってなんだ?

　レストランのウェイターは、支払いが終わった注文より、支払いが済んでいない注文の方をよりよく記憶しています。このことはレストランなどで仕事をした人にとってはイメージしやすいでしょうし、そうでない人でも想像がつくことでしょう。

　その理由についてロシアのブルーマ・ツァイガルニクは検討し、被験者に簡単なパズルを解かせる実験を行いました。

　パズルを解く最中に中断を入れるグループと、中断を入れないグループとに分けます。すると、パズルを完成させたかどうかに関わらず、中断を入れられたグループの方が、パズルに関する記憶が鮮明に残っていたのです。

　このように、**目標が達成されていない課題の記憶は、目標が達成された課題の記憶より、再生されやすい**のです。これを「ツァイガルニク効果」といいます。

● なぜだろう?

　人は目標達成のために行動すると、緊張感が増します。その緊張感は、目標が達成されると当然ながら解消します。ある程度の緊張感の持続があった方が、記憶・再生しやすいのです。したがって、目標が未達成の状態に置かれていた方が、記憶は持続しやすいのだと考えられます。

　目標が達成されてしまうと、脳はその目標に関する細々とした記憶を保持

◉――すぐやる人 ▶▶▶ 途中でやめる!

しておく必要を感じなくなります。緊張感は脳にとってコストなので、不要と判断されるのです。

図2　ツァイガルニク効果
テーマが記憶・再生されやすい仕組み

パズルを解いている最中に中断を入れる。
すると、パズルに関する記憶が鮮明に！

応用してみよう！
なかなか手がつけられないような仕事があったら、すぐにやめてもいいということにして、とりあえず手がけてみましょう。そして「キリのいいところ」まで続けようとせず、むしろキリの悪いところで中断してみよう。そうした方が次回以降、作業を続けやすいのです。

ブルーマ・ツァイガルニク
旧ソビエト連邦の心理学者・精神科医。1927年にベルリン大学でクルト・レヴィンの指導のもと、目標が達成されていない行為に関する記憶は、完了課題についての記憶に比べて想起されやすいことを実験的に示した。

003 未来をつくる仕事は、なかなか手がつかない?
Hyperbolic Discounting

● 双曲割引ってなんだ?

　人は、将来もらうことができる大金よりも、目前の小金の方が魅力的に映る。

　これは理屈ではありません。人の心は直後に得られるメリットやデメリットについてとても敏感なのです。つまり、将来のメリットやデメリットがないがしろにされやすいということです。

　ダイエットや禁煙の難しさを説明する際、よく「双曲割引」という考え方が持ち出されます。ジョージ・エインズリーらが提唱した概念です。

　禁煙を決意するときはタバコをやめるなど簡単そうな気がします。たいていタバコを吸ったばかりですから、そんなにタバコが吸いたくないのです。明日吸うタバコの魅力は「割り引かれているから小さい」のです。もちろん禁煙して健康になれるのは、明日よりずっと先でしょうが、健康になれるというのは魅力的です。

　でも、翌日になってみるとどうでしょう?

　健康になれるのは確かに魅力的ですが、遠い将来のことです。遠い将来の魅力は「割り引かれている」のです。一方、「今すぐ吸うタバコの魅力」は割り引かれていません。何しろ今すぐ得られるメリットだからです。このようにして「タバコを吸ってしまう」という行動が発生するわけです。

　仕事についても同じようなことが頻繁に発生します。**長期プロジェクトの成果などは、達成に対して魅力が割り引かれているため、なかなか手をつけ**

◉——すぐやる人 ▶▶▶ 目前の課題にしてしまう!

る気にならないのです。それに対して、今すぐやればすぐに成果の上がる、簡単な事務処理が優先されてしまいがちです。

しかしこれではいつまでも小さな事務処理ばかりして、肝心の仕事はなかなか進みません。だから肝心な仕事は小さく分解して、すぐに達成できるタスクに落し込む必要があるのです。

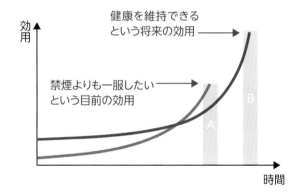

図3　双曲割引
目前課題の効用を生かす仕組み

双曲割引による効用の逆転

健康を維持できるという将来の効用

禁煙よりも一服したいという目前の効用

効用／時間

応用してみよう！
長期間かかりそうなプロジェクトには、小さなマイルストーンを大量に用意して、その達成感をすぐ確認できるようにしましょう。関係者にはなるべく進捗を細かく報告するのがポイントです。

ジョージ・エインズリー
精神科医。臨床医。コーテスビル・ヴェテランズ・アフェアーズ・メディカル・センター精神科主任。テンプル大学教授。異時点間交渉問題を一貫して研究し続けており、双曲割引理論の主導者。

004 マジカルナンバー7 プラスマイナス2
The Magical Number Seven, Plus or Minus Two

● **マジカルナンバーってなんだ？**

　11桁の電話番号は、3つと4つのかたまりとして区切って表現されています。私たちが一時的に記憶しておける情報の「かたまりの数」は、どうやらせいぜい「7つ前後」でしかないらしい……。

　記憶原理の「7」という数字に気づいた人がジョージ・アーミテージ・ミラーです。ミラーによると、頭に入ってきた情報はまず「短期記憶」という一時的な記憶の貯蔵庫に保持されます。短期記憶の容量には限界があって、その限界数はおよそ7プラスマイナス2の要素からなっているとされます。

　一つひとつの情報は「ビット」と呼ばれ、これを「チャンク」という単位に組織化すると、記憶が容易になります。一例として、「ビジネス心理学フレームワーク」という単語は、14文字から成り立っていますが、普通これを1字1字覚えていくようなまねはしないでしょう。「ビジネス」「心理学」「フレームワーク」と意味ごとにまとめれば「3チャンク」で済むのです。

● **チャンクしよう**

　チャンクは至る所に応用されています。非常によく見かける例では、先に挙げた電話番号の区切りです。もちろん、住所も普通の人はチャンクごとに覚えています。語呂合わせなどの記憶術でもよく用いられています。図書館などで用いられている分類項目は、少なくとも7は超えていますが、分類項目がチャンクされていることは確かです。

◉——すぐやる人 ▶▶▶ **チャンクする！**

7つを超えた情報量はチャンクして、覚えやすいまとまりにしておけば、相当数の情報処理が可能になるわけです。これは強力な武器です。

図4　短期記憶とチャンク
単位でまとめると記憶力倍増の仕組み

チャンクとは、カテゴリー化すること。
ストーリーで分けたり、機械的に分けたりすることで、記憶に残しやすくすること。

応用してみよう！
自分が気になっていることや、やりたいことなどを大・中・小などの段階ごとに徹底的に書き出し、それを7プラスマイナス2項目ごとにまとめ、整理してみよう。まとまりごとの関係を検討すると、本当にやりたいことや、やるべきことが見えてきます。

ジョージ・アーミテージ・ミラー
アラバマ大学卒業後、心理言語学に関心があったため、ノーム・チョムスキーらと研究する。1956年に人間の情報処理能力に関する短期記憶貯蔵の限界についての論文を書いた。

第1章　仕事のスピードを劇的に向上させる認知心理学

005 | 集中しやすい環境で仕事する
Cocktail-Party Effect

● **カクテルパーティー効果ってなんだ?**

「選択的注意」という考え方があります。またの名を「カクテルパーティー効果」ともいいます。たとえば、たくさんの人が参加して楽しんでいるパーティーの会場では、周りの会話の声などがたえまなく耳に入ってきます。しかし、自分が特定のグループの会話に集中しようとすれば、その人たちとの話の内容だけに注意を狭めることが可能になります。

その逆にまったく注意を向けていないはずの他の音声に、自分の名前が混ざっていると、たちまちそれが「聞こえて」くることがあります。つまり、注意して聞いていない会話であっても、完全に無視しているわけではないのです。

これはごく普段からやっていることです。自動車の運転手は、安全にもっとも関係のある情報だけに注意しています。高速道路ですぐ目の前を走っている車のナンバーも、もちろんずっと目に入っているはずですが、覚えていないものです。しかし、バックミラー越しに見える、高速で接近してくる危険そうな車の存在は、ちらっと目に入っただけでもすぐに注意が行きます。

● **選択的注意**

人は、注意する対象を選択しています。選択は、意識的に行っている場合もあれば、無意識で行われていることもあります。自分が加わっているグループの会話を聞こうとすれば、そちらに注意が行きますし、聞き慣れた声が

◉──すぐやる人 ▶▶▶ 1つに集中する!

自分の名前を呼んでいたら、意識していなくてもその声に気がつきます。

　これを反対から考えてみると、注意をして聞いていなければ、情報としてはあまり意味をなさないということです。**脳が大事ではないと判断していれば、情報を拾っていても、内容の理解はできないのです。**

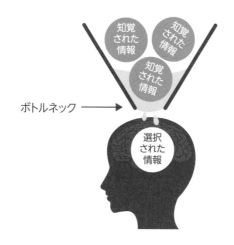

図5　選択的注意
一度に複数の情報が得られない仕組み

応用してみよう！
一度にたくさんの仕事をこなそうとしたり、あちこちにボタンが付いている機器を操ろうとすると、思った以上に効率が落ちることがあります。そういうときにはどこに注意をまず集中するべきかを決めておくとよいでしょう。

ドナルド・ブロードベント
1947年にイギリス空軍を除隊して心理学の研究に従事する。パイロットを経験したブロードベントは、人間の注意力と情報処理能力の限界を考慮に入れれば、飛行機事故などはもっと減らせるのではないかと考えた。自らを工学心理学者と考え、応用心理学の分野で多大な貢献を果たしている。

006 極度の集中力を発揮するとき
Flow

● フローってなんだ？

フロー体験とは、ミハイ・チクセントミハイの提唱した概念です。

仕事やスポーツなどで自分の技術を最大限まで使わなければならないような活動に没頭していると、私たちはその活動の中に「溶け込んでいく」ような感覚を覚えることがあります。これを「フロー体験」と名づけました。

ミハイはフロー体験をよく得るという人々にインタビューした結果、彼らが一様に語る特徴をまとめることができました。その特性とは「活動と意識の融合した感じ」「完全な集中」「忘我・無時間的感覚」「状況をコントロールしている明晰な感じ」といったものでした。

ミハイはまた、どうすればフローを体験できるかを研究し、その結果「**全面的な集中を必要とし、個人の技能にギリギリまで見合った難しい課題に取り組むこと**」を条件に挙げています。

● GTDとフロー

『ストレスフリーの仕事術』などで有名なデビッド・アレンは自身の提唱する「Getting Things Done」というコンセプトとともに「フロー体験」を取り上げています。デビッド・アレンの仕事術においては、仕事に必要な細々としたことがらを頭の中に滞留させず、頭の外に追い出して、そこで徹底して処理するシステムの運用が求められます。これをきちんと実践すればフロー体験が得られるというのです。

◎──すぐやる人 ▶▶▶ ギリギリに挑戦！

なぜGTDでフローが体験できるかというと、注意の向かう先を記憶と懸念から解放して、仕事の成果を上げることに全面的に集中することが可能になるからでしょう。

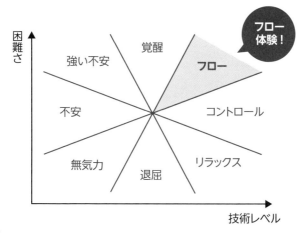

図6　フロー体験しやすい条件
フロー体験が起こる仕組み

（縦軸：困難さ、横軸：技術レベル）

強い不安／覚醒／フロー体験！／フロー／不安／コントロール／無気力／退屈／リラックス

応用してみよう！
自分のスキルをギリギリまで要求され、それを用いなければできないような仕事を持っているかどうかを確認してみましょう。その最中には、フロー体験と呼べるような体験が得られやすくなるかどうか？　そうした体験を持ったときの仕事の質がはっきりと向上しているかどうか？　を調べてみましょう。

ミハイ・チクセントミハイ
1948年のハンガリーの共産化に際して亡命し、後に奨学生としてアメリカで心理学を学んだ。1968年にはアメリカ市民権を獲得。シカゴ大学教授を務め、ポジティブ心理学の中心的人物として著書なども多数刊行している。

007 記憶をもっと強くする
The Seven Sins of Memory

● 記憶のエラーってなんだ?

　記憶力向上に関する本は、ビジネス書、心理学書を問わず、かなりの数に上ります。それだけ人間は、記憶力が衰えることを恐れているともいえます。

　一口に「記憶力が衰える」といっても、原因も現象もいろいろです。人の名前が「覚えられない」。いつもは覚えていたはずのカギの置き場を「思い出せない」。確かに言ったはずだという「記憶違い」。

　心理学者のダニエル・シャクターはそういった記憶に関するエラーを系統的に分析・分類し、記憶にまつわる不都合を「記憶の7つの罪」と名づけました。邦訳書では「記憶の7つのエラー」となっていますので、それにならいます。シャクターは、**記憶の7つのエラーをさらに2タイプに大別し、一方を「記憶が抜け落ちるせいで起こるエラー」とし、もう一方を「脳の指令のせいで起こるエラー」**としました。

1. 物忘れ
　時間の経過とともに記憶が薄れる
2. 不注意
　知らぬまにやってしまう
3. 妨害
　覚えていることを思い出せない
4. 混乱する
　本当には起きていないことを実際の出来事と取り違える

◉──すぐやる人 ▶▶▶ **弱みを補強する!**

5. 暗示
   犯してもいない犯行を「自白」することさえある
6. 書き換え
   記憶の変質による
7. つきまとい
   忘れたいことなのにつきまとって離れない

図7　記憶の7つのエラー
記憶できない仕組み

 応用してみよう！
誰にでも記憶のエラーはありますが、人によってどのタイプのエラーに悩まされるかは違います。自分は特にどのケースに悩まされがちなのかを考え、それをツールなどで補強する検討をしてみましょう。

 ダニエル・シャクター
ノースカロライナ大学で心理学を専攻。卒業後にダラム退役軍人病院に勤務。器質性脳障害の患者に多数接することにより、記憶に関する知見を深める機会を得た。

008 「今年の目標」は1つだけにすること
Ego Depletion, Willpower

● 自我消耗ってなんだ？

ロイ・バウマイスターの画期的な研究結果によると、意志力には次のような法則があるようです。

1.意志力の量には限りがあり、それは使うことで消耗する
2.すべての種類の行動に用いられる意志力の出所は1つである

意外ではないでしょうか？　私たちは幼稚園でも、学校でも、職場でも、このような法則などまるで存在しないかのように意志力を扱い、また扱うように指示されてきました。

意志力の貯蔵庫は1つで、しかも使えば消耗する。

たとえば、大きな仕事をきちんと達成しようとすれば、同時に行われているダイエットは失敗しやすくなるということです。

なぜなら「仕事をがんばるぞ！」と意志力を発揮すればするほど、食事を我慢するための意志力は足りなくなるからです。

自我は、消耗するのです。

期末テストに必死になっている学生が身だしなみに手が回らなくなるのは、時間が足りないのではなく、自我が消耗してしまっているからだと考えるべきでしょう。

● 意志力は血糖値に左右される

バウマイスターの研究は非常にユニークで興味深い。彼は、血中グルコー

◉──すぐやる人　▶▶▶　**目標は1つだけ！**

ス濃度を安定させることが、持続的な自己コントロールには欠かせないとしています。

血中グルコース濃度が高い方が、相対的に意志力をよく発揮できるのですが、だからといって砂糖など急激に血糖値を上げる食べ物はよくありません。そういう食べ物は、一時的に血糖値を上げた後、急激に下げてしまうので、意志力はむしろ不安定になるのです。

このように「有限な意志力」は、栄養状態に強く影響を受けるわけです。つまり、意志力というのは生理的なパワーの一種であるといえそうです。

図8　意志力
意志力を発揮する仕組み

試験勉強　仕事　家事　育児

1つだけを選ぼう

応用してみよう！
重要な長期的プロジェクトを成功させたいと思うなら、意志力を無駄遣いしない方がいい。バウマイスターの研究に従えば、規則正しい生活を心がけ、野菜をよく食べ、睡眠を多くとり、なるべく早い時間帯に大事な仕事を手がけるほど、意志力を集中的に投入できます。

ロイ・バウマイスター
フロリダ州立大学教授。著名な社会心理学者であり、主な研究分野はセルフコントロール、自尊心、動機づけ、攻撃性、自由意志などである。著書も多数あり、依存症、家庭内暴力、ダイエットなど日常に近い分野の心理学の研究者として知られている。

009 うまくいった仕事のやり方を繰り返し思い起こすとうまくいく
Mood-Dependent Retrieval

● 「気分適合的情報処理」ってなんだ？

　感情の働きが記憶に大きな影響を及ぼすことは、現在では常識になっていますが、その古典的研究を行ったのがゴードン・バウアーでした。

　バウアーによれば、ポジティブな気分のときにはポジティブな経験が記憶に残る傾向があり、ネガティブな気分のときにはネガティブな記憶が残りやすいのです。

　なぜなら、私たちは自分の気分に合わせて外界を知覚し、自分の気分に合った情報に注意を払う傾向があるからです。したがって、経験と感情は一緒に記憶に貯蔵されます。

　結果として、幸せなときには幸福な体験を思い出しやすく、不幸なときには不幸な体験を思い出しやすいということになります。

● ペシミストはよりペシミスティックに？

　この理論が正しければ、不幸な感情に慣れている人は不幸な出来事を記憶しやすく、不幸な出来事の方を思い出しやすいのだから、悲観的な気分に落ち込みやすいとしても無理はないでしょう。実際、そのような傾向を指摘する心理学者も多くいます。ただ、現実には気分は幸・不幸だけではなく、ずっと幸福、ずっと不幸な感情だけしか経験しないということもまずないので、一般的にはいろいろな経験と感情を次々に巡るということに落ち着くわけです。

◉──すぐやる人 ▶ ▶ ▶ ポジティブな感情で！

図9 気分適合的情報処理
ポジティブな経験を生かす仕組み

幸せな経験や達成感を伴う経験は、同じような気分のときに思い出されやすい。逆も同じである。

 応用してみよう!
仕事の達成感を覚えることがあったら、そのときのことを意識して記憶するべくつとめましょう。できれば、記録に残しておいて、折に触れ思い出せるようにしておきます。これを繰り返すだけでも新しい仕事を達成させようという気分が高められる可能性が高くなります。

 ゴードン・バウアー
イェール大学で博士号を取得し、その後スタンフォード大学心理学科に移り、教鞭をとる。心理学的な問題作となった映画『エス[es]』の中にイェール大学院生時代の「ゴードン・バウアー」が登場している。

010 思い出しやすいことは過大評価しやすい
Availability Heuristic

● **利用可能性ヒューリスティックってなんだ？**

「あなたが堂々と自信に満ちていた場面を思い出してください」と、2つのグループにお願いします。

一方のグループには自信にあふれていた場面を6個、他方のグループには12個、思い出してもらいます。

その後、自分に自信があるかどうかを両方のグループに尋ねてみました。

結果は驚くべきことに、12個の「自信にあふれていたシーン」を思い出したグループの方が、むしろ自信がなかったのです。

これはどういうことかというと、12もの「自信に満ちあふれていたシーン」を思い出すのは難しかったということです。私たちは、**思い出すのが簡単なことは現実に起こりやすいと錯覚するのです**。これを「利用可能性ヒューリスティック」といいます。

● **すぐ仕事をするには、すぐ行動をしたところばかりを記録する**

この事実からわかることは、すぐ仕事に取りかかり、すぐ行動したいと思うなら、そういう記録ばかりを残しておくことです。

そうすれば、自分がすぐ行動した記憶を、思い出しやすくなります。

パッと考えてみて、どうでしょう。自分が行動したところは、すぐに思い出せますか？ 逆に、自分が仕事を後回しにしたことが思い出しやすいでしょうか？ 前者の人はおそらく自分が行動的だと思っているでしょうし、後

◉──すぐやる人 ▶▶▶ 「すぐ行動したこと」を記録！

者の人はその逆でしょう。ただ、思い出しやすさは、事実の証拠の数ではありません。けっこう行動を起こしていても、それをことごとく忘れてしまっていてはもったいないです。

図10　利用可能性ヒューリスティック
よく目にする事象が想起されやすい仕組み

飛行機事故に遭う確率より、自動車事故に巻き込まれる確率の方がずっと高いが、私たちは飛行機事故の報道などをよく覚えているために、思い出しやすい。したがって、飛行機事故に遭う確率を過大評価しやすい。

 応用してみよう！
これを応用して、他人を行動的にしてあげることも可能です。ある人のことを動かしたいと思ったら、その人がよく行動していると指摘してあげることです。

● **参考文献**
Ease of retrieval as information: Another look at the availability heuristic.
Schwarz,Norbert; Bless,Herbert; Strack,Fritz; Klumpp,Gisela; Rittenauer-Schatka, Helga; Simons, Annette
Journal of Personality and Social Psychology, Vol 61(2), Aug 1991, 195-202.

第2章

あなたのモチベーションを高める社会心理学

会社は組織なので、自分がやりたいと思うことだけをやる、というわけにはもちろんいきません。組織の中ではストレスになることも多く、ときに「自分を殺す」必要があるともいわれます。ともすればモチベーションが低下しそうな出来事の多い会社組織の中で、むしろモチベーションを高めるにはどうすればいいのか。社会心理学がその疑問に答えてくれます。

011 外的報酬がモチベーションを損なうこともある

Intrinsic Motivation

● 内発的動機づけってなんだ？

　1970年代にエドワード・デシとマーク・レッパーという2人の心理学者がそれぞれ独立してとても有名な実験を行いました。両者の研究は、今となってはモチベーションについての古典的な研究とみなされています。

　誰もが経験しているように、物事というのは真剣にある程度の結果を出そうとしてやれば、それによって何かが得られなくても、それなりに面白いものです。

　課題を解決すること自体に意欲がわくなど、特に何かを得ようとすることなく、能動的に行動するための動機が得られるということは自然です。そのようなモチベーションを「内発的動機づけ」と呼びます。

● 外的報酬が内発的動機づけを損なうこともある

　レッパーの実験では、被験者は子どもでした。お絵描きをすることを楽しむ子どもたちに、「お絵描きをしたら、賞をあげる」というと、子どもたちは絵を描くことに興味を失ったり、絵を粗雑に書くようになるという実験結果が得られたのです。つまり、賞という外的報酬が子どもたちのやる気をそいだということです。

　しかし、この実験の解釈は単純なものではなく、たとえ賞を与えたとしてもそのことを事前に告げなければ、子どもたちのモチベーションが損なわれることはありませんでした。

◉──すぐやる人 ▶▶▶ 内なる思いを！

大事なのは内的な意欲を損なわないことです。意欲を損なうのは「報酬」ではなく、「絵を描いているのは報酬のため」と思わせてしまうことなのです。

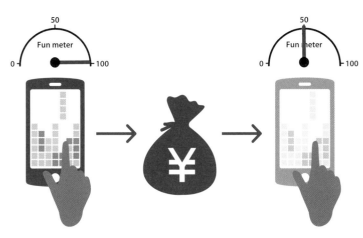

図11　内発的動機づけ
モチベーションが阻害される仕組み

ただ楽しくてやっていることでも、それが報酬のための手段として意識されると、楽しさが半減する。

別の仕組みを考えてみよう。

応用してみよう！
仕事の質を上げることによって、仕事をするモチベーションが上がるかどうか、確認してみよう。

エドワード・デシ
アメリカの社会心理学者。内発的動機づけ研究で知られる。ロチェスター大学で教育研究に従事し、外的報酬（金銭などのごほうび）が内発的動機づけを低下させることを実験的に明らかにした。

012 会えば会うほど好きになる?
Mere-Exposure Effect

● 単純接触効果ってなんだ?

　同じ刺激に繰り返しさらされると、その刺激への警戒心が解かれ、徐々にその刺激を好むようになるという理論です。単純接触効果に関してはロバート・ザイアンスが非常に有名ですが、実はその前にエドワード・ティチェナーという心理学者が既にこの効果を報告していました。

　単純接触効果がなぜ起こるかについては、いくつかの説明がありますが、よく指摘される原因として認知の容易さがあります。新しい刺激を理解するのは頭が疲れるので、馴染み深いものはその手間がかからないから好まれるという考え方と、自然界における馴染みのないものは危険性があるので、接触頻度の高いものが好ましく感じられるという考え方です。おそらく、どちらもある程度正しいでしょう。

● 意識下に潜り込む好意

　単純接触効果に関してはいろいろ拡大解釈や誤解が見受けられます。よく指摘されるのが、意中の異性に単純に繰り返しアプローチしても、効果を上げるどころかうっとうしく思われるなどというのがあります(その限りかどうかはわかりませんが)。

　単純接触効果は基本的に、単純な接触が意識下に働きかける効果を指しています。何気なく目にする顔やロゴマークが、ことさらアピールすることはありません。**日常の中でたびたび接触している、好きか嫌いか不明な、どっ**

◉——すぐやる人 ▶▶▶ こまめなコミュニケーション!

ちつかずの刺激に対し、相対的な好意を抱くようになるというのが単純接触効果です。

たとえば選挙において、必ずしも強く支持されていなくても、何となく名前の知られている候補者が有利に働くような事例がそれに当たるでしょう。

図12　単純接触効果
好感度を上げる仕組み

香りの単純接触効果

資生堂はフルーツやフローラルなどの香りを繰り返し嗅ぐことによって、単純接触効果があるという調査をしています。

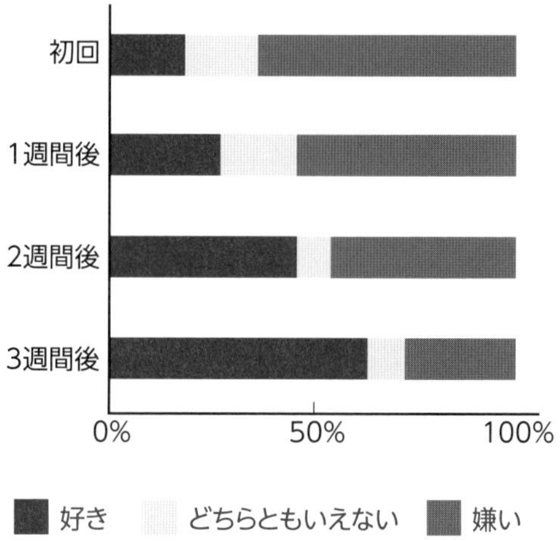

（初回／1週間後／2週間後／3週間後の積み上げ棒グラフ　0%〜100%）

■ 好き　　□ どちらともいえない　　■ 嫌い

出所：資生堂グループより

応用してみよう！
接触回数がもともと多い人に対して、好感が5%増しになるような活動を織り交ぜてみましょう。たとえば「身だしなみ」に気を配るなど。見るたびに「悪くない」と感じられる刺激に対して、人は自然と好感を持ちます。

ロバート・ザイアンス
ポーランド出身のアメリカの社会心理学者。1955年にミシガン大学で博士号を取得。単純接触効果から対人魅力の研究などを通じ、幅広く社会心理学に貢献している。

013 みんなが手を挙げたら、釣られて手を挙げてしまう
Conformity

● 同調ってなんだ?

　集団の中にいると自分の意見を曲げて、周りに合わせてしまうことがあります。個人差もありますが、集団の多数に逆らって自己主張を押し通すのは難しいケースがあります。

　これを実験で明らかにしたのが、ソロモン・アッシュです。

　1人で答えれば99%以上の正答率という、きわめて簡単な問題であっても、**特に5人以上の集団の中で間違うように圧力をかけられると、正答率が30%前後まで落ち込んでしまう**ことが実験によって明らかになりました。このような現象を起こした要因を「同調」といいます。

● 同調圧力に屈しやすい人もいる

　不思議な話ではありませんが、集団の数が大きくなるほど、圧力は強くなります。また、同調の圧力をかけられている人の集団内における地位が中程度だと、圧力に屈する可能性は高くなります。

　さらに、自尊感情が弱い人や親和欲求が強い人ほど、同調しやすいことが示されています。

　組織から恩恵を受けて仕事をしている以上、ある程度同調せずにいられないですし、有形無形の罰を恐れるのも当然です。しかし自尊心など、同調によって失うことも少なくありません。そのことを意識しておくだけでも同調圧力への抵抗力を持つことができます。

◉──すぐやる人 ▶▶▶ 少数派で!

図13　同調
大多数の圧力に負けてしまう仕組み

アッシュの同調実験

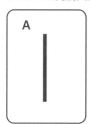
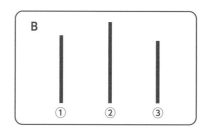

問：Aと同じものはBの①〜③のどれか？

正解は「①」であるが、他の被験者全員が「③」であると答えた場合、その圧力に影響され、30％以上の人が誤答してしまう。

応用してみよう！
同調の効果は、意見が全員一致しないと、著しく低下することで知られています。アッシュの実験でも、サクラの8人全員が「間違う」場合と、7人が「間違う」場合とでは、被験者の正答率はまったく変わりました。組織で意に沿わない同調圧力を押しつけられて苦しいときには「少数派」を形成する道を探ってみましょう。

ソロモン・アッシュ
ポーランド、ワルシャワ生まれの社会心理学者。1920年アメリカに亡命。1932年にコロンビア大学で博士号を取得し、マックス・ヴェルトハイマーの影響を受ける。1951年には集団内多数の誤判断が個人の判断に強い影響を与えるという有名な同調実験を行った。

014 精神的健康のためには人間関係の改善を
Choice Theory

● 現実療法ってなんだ?

　精神医学への新しいアプローチとして、向精神薬や精神分析といったやり方を批判し、人間関係に目をもっと向けるように運動したのが、ウィリアム・グラッサーです。グラッサーは「現実療法」という手法を提案しました。
　グラッサーの考え方の根底には、私たちは生まれつき、社会的存在だというものがあります。エイブラハム・マズローにも似て、愛、従属、社会的評価、承認欲求といったものを重視しているわけです。ですからグラッサーによると、人が経験する精神的問題というのは、誰もが経験する人間関係の問題を拡大したものだということになります。

● 選択理論

　グラッサーはカウンセラーとして長く現実療法を実施するうちに、次第に選択理論という、グラッサーの集大成ともいうべき理論を結実させていきました。選択理論の究極的な考え方は、他人をコントロールすることはできない、**コントロールできるのは自分の行動(行為)と考え(思考)だけである**、というものです。この大前提にも関わらず、私たちはいろいろな事情も働いて、他人を意のままにしようと考え、それが人間関係を不幸にするというのです。
　この考え方に驚くようなところはないかもしれませんが、私たちは意外なほど過去を変えたいと考えようとしたり、他人の性格を変えようとしたがり

◉──すぐやる人 ▶▶▶ 行為と思考を変える!

ます。そういうエネルギーを他へ向けてみようとするだけでも意味があります。

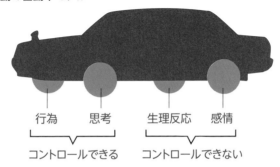

図14　選択理論
自身の行動を制御する仕組み

行動の自動車モデル

行為　思考　生理反応　感情

コントロールできる　コントロールできない

前輪である「行為」「思考」が後輪である「生理反応」「感情」をコントロールする。

応用してみよう！
家族や親族、隣の席の同僚など、ごく身近にいる人との軋轢は、仕事や生活に深いレベルで長期にわたって悪影響を及ぼすとグラッサーは指摘します。心当たりがあれば誰か特定の親しい人との関係を改善することを、最優先事項にしてみましょう。

ウィリアム・グラッサー
1925年、アメリカ出身の精神科医。1967年に現実療法研究所を開設し、その後カウンセリングやコーチング、教育などについて多数の書籍を刊行した。選択理論は世界的に広まり、25カ国以上で教えられている。

015 人の印象はどのようにして決まるのか?
Person Perception

● **印象形成ってなんだ?**

　ビジネスにおいて他人からよい印象を持たれると有利なことは多いです。

　アッシュは驚くほど簡単な実験によって、他人によい印象を残す人と、そうでない人の違いを明らかにしました。次のような特徴を持った人について、どう思うか、人々に尋ねるというだけの実験です。

　A：知的な、熟練した、勤勉な、温かい、決然とした、事務的な、慎重な
　B：知的な、熟練した、勤勉な、冷たい、決然とした、事務的な、慎重な

　AとBの違いはたった一点だけ、「温かいか、冷たいか」だけです。しかし多くの人がAに対してはこんな形容詞の羅列だけでもかなりの好印象を抱き、Bに対してはネガティブな印象を抱きました。

● **実際の人を見ても同じような印象を持つ**

　これは、ただ言葉のイメージに対してどんな印象を抱いたかというだけです。本当にこうした印象形成が起こるものでしょうか?

　それを実地に実験したのがハロルド・ケリーです。ケリーは大学生を2つのグループに分け、一方のグループにはAの「温かい」を含む形容詞を使って「これから講義を行ってくれる講師を紹介」し、他方のグループにはBの方の形容詞を使って紹介しました。

◉──すぐやる人 ▶▶▶ 温かさ!

その結果、Aのような人物が講師だと聞かされていた学生たちは、授業内容に対して「知的で信頼できる」とした一方、Bのように聞かされた学生たちは「知的だが自分の能力を鼻にかけている」などと評しました。

これを見てもわかるとおり、**人に与える印象というものは、「温かい、冷たい（友好的、利己的）」といった中心になる特性がまず評価され**、その評価にしたがって、目につく特徴が評価されるわけです。

図15　印象形成
他人が印象を決定する仕組み

パーソナリティ認知の基本的次元

- **個人的な親しみやすさ**：温かさ、やさしさ、愛らしさ、身近さ など
- **活動性**：外向的、意欲的、積極的、社交的 など
- **社会的望ましさ**：誠実さ、信頼がある、道徳的、理性的 など

応用してみよう！
人によい印象を与えたいと思ったら、まずは他人に対して接しやすい、やさしいとか、思いやりのあるという印象を与えるべく努めましょう。知的だとか、有能だといった特徴は、よくも悪くも評価できるからです。

ハロルド・ケリー
アメリカの社会心理学者。初期の代表的な研究に、レオン・フェスティンガーらと行った集団内コミュニケーション研究がある。1967年に、原因推論ルールに関する有名な「帰属の分散分析モデル」を考案して、認知社会心理学の発展に大きく貢献した。

016 言ったとおりに動いてくれないとき
Milgram Experiment

● **服従の実験ってなんだ？**

　おそらく心理学の中でも1、2を争う有名な実験として、スタンレー・ミルグラムの「電気ショックを用いた服従の実験」があります。

　サクラが設問に間違えるたび、被験者が設問に間違えた相手に電気ショックを与えるという実験です。間違えるたびに電気ショックのレベルが引き上げられ、最大450ボルトまで上げられる設定でした。実際にはサクラに対して電気ショックは与えられませんが、サクラはわざと悲鳴を上げたり、実験をやめるように懇願したりします。

　実験前の予想では300ボルトまで与え続ける人は5％未満と予想されていましたが、実際には実験中「罰を与えるように」促されると、100％の人が300ボルトまでショックを与えました。さらにマックスの450ボルトまで与え続けた人は約60％もいたという、驚くべき結果となったのです。

● **人が権威に従いやすくなる条件**

　会社で部下のいる人などは驚くかもしれません。他人に電気ショックを与えるなどという精神的苦痛を伴うことがらですら、ほとんどの人がいわれるがままに行動するのに、なぜ自分のいうことにはちっとも従ってくれないのか、と。

　ミルグラムは人が権威に従いやすくなる条件として「**権威者が自分の地位を示すシンボル（バッジなど）を身につけていること**」や「**権威者の発する**

◉──すぐやる人 ▶▶▶ **上手に指示を出す！**

命令が徐々に大きくなっていくこと」を挙げています。実際、実験もそのように行われました。また、権威者に逆らう人がそばにいないことも大事な要因とされています。

この実験における「服従」はもちろん非常に好ましくない現象ですが、指示・命令とその実行に関して、多くの知見が得られたことは間違いありません。

図16　ミルグラム実験 (アイヒマン実験)
人が権威に従う仕組み

実験者
電気ショックを与える。
指示を出す。

被験者
電圧ボタンを押す。
「実験者」の指示に従ってしまう。

誰もが残虐行為を犯してしまうことを証明した。

実験室　生徒
「泣きわめく」演技をする。

実は「実験者」と「生徒」はグルである。

応用してみよう！
ミルグラムの実験によると、電話での指令では服従の率はかなり落ちたといいます。仕事の依頼などがはかばかしくない相手には、面と向かって指示を出してみたらよいかもしれません。

スタンレー・ミルグラム
アメリカの社会心理学者。ハーバード大学で博士号を取得後、イェール大学において「権威への服従」の実験を通じて世界的に有名になった。この実験はアイヒマン実験とも呼ばれ、映画化もされている。ミルグラムはこの実験を通じて「善人でも権威に命令されれば、驚くほど一様に無慈悲な行為をしてしまう」ことを示唆した。

017 自分のことは自分で決める
Sense of Control

● コントロール感ってなんだ？

　コントロールという言葉の意味を知らない人はいないでしょう。心理学の世界でもコントロールというとさまざまな意味を持ちます。中でも特に「自分の能力や主体性についての感覚」という意味で用いられた場合、心理学ではかなりポジティブな意味合いになります。多くの実験が、「コントロール感」（自分が決定権を有しているという感覚）の重要性を示唆しているからです。

● 老人ホームの実験

　実際にアメリカの老人ホームの利用者を対象としたこんな実験があります。
　60歳以上の高齢者を対象にした実験で、施設の部屋にある植物の世話や、映画を見る曜日を自ら決めることのできるようにしたグループと、家具の配置や行動の時間など、何から何まで「施設職員にお任せする」グループに分けたところ、選択権を持つグループの方が、主観的（本人たちの評価）にも客観的（施設職員による評価）にも、いずれから見ても、より活動的になったと評価されました。
　この実験結果は、1976年にエレン・ランガーとジュディス・ロダンによって計画された画期的なものでした。
　以降も関連した実験が頻繁に追試され、可能な限り自己責任の下で活動した高齢者の方が、健康は増進され寿命も延びるということが報告されていま

◉──すぐやる人 ▶▶▶ 自らやる！

す。
　私たちの経験でもできることは自分でする方が生き生きとしていられるでしょう。これは子どももそうで、老人に限った話ではないのです。

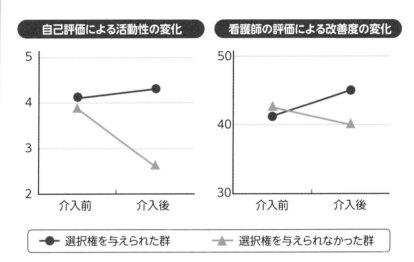

図17　コントロール感
人が選択権を持つと力を発揮する仕組み

自己評価による活動性の変化　　看護師の評価による改善度の変化

●— 選択権を与えられた群　　▲— 選択権を与えられなかった群

出所：Rodin, J., & Langer, E. J. (1977) . Long-term effects of a control-relevant intervention with the institutionalized aged. Journal of personality and social psychology 1977 35(12), 897-902.

応用してみよう！
自分の能力でできる限りのことを、自分でやるようにした方が、ストレスレベルが下がり、精神的にも健康でいられるという報告はその後もあがってきています。このことは会社や家庭の別なく、常に意識していて間違いなさそうです。

エレン・ランガー
ハーバード大学心理学教授。精力的な活動家として知られ、画家という一面も持っている。10以上の著作と200以上の研究論文を発表。「マインドフルネス」の紹介者としても有名。

018 具体的で現実的な目標設定が やる気を高める
Self-Efficacy

● **自己効力感ってなんだ?**

　人間のやる気というのは微妙に揺れるものですし、やる気という言葉自体にあいまいさがあります。それでも、ビジネスの世界でも心理学の世界でも一致して「やる気が起こるかどうかと、上手な目標設定ができるかどうか」には、関係が大いにあるとされています。

　上手な目標設定がやる気を高めるという現象を説明する際に、よく持ち出される概念が「自己効力感」です。アルバート・バンデューラによると、**具体的で身近な目標を立てた方が、遠大な目標を立てるより、自己効力感が高まるため、目標達成率が高まる**といいます。

　この方法は、長期的プロジェクトをいくつかに分割し、1カ月、または1週間でここまで進める、といった方法に応用されています。自分の目論んだとおりに現実を進められたという感覚が、自己効力感です。

● **自我関与的な目標と課題関与的な目標**

　遠大な目標を達成する動機として、よく取りざたされるのが「自我関与的」か「課題関与的」かといった区別です。これを簡単にいえば「他人に褒められたいからチャレンジするのか、それとも課題自体が興味深いからチャレンジするのか」ということです。

　心理学では一般的に「課題関与的」すなわち課題自体が面白いから取り組む方が動機づけとして望ましいとされますが、実際にはどちらだけが動機

◉——すぐやる人 ▶▶▶ 身近な目標!

になるということはないでしょう。会社などのプロジェクトでも、仕事自体が面白いこともあるでしょうし、同僚や上司に評価されたいという気持ちも無視できないでしょう。

ただ、課題が長期に及べば及ぶほど、他人からの賞賛を一貫して当てにするのは難しく、そういう意味では課題関与的な目的意識の強い人の方が、より着実に成果をものにすることにつながりそうです。

図18　自己効力感
自己効力感を利用して成果を上げる仕組み

最終ゴール

最終ゴールまで一気に登り切るのではなく、確実にのぼることのできる階段を一つひとつチェックしながらゴールに近づいていることを確かめると、やる気が持続しやすい。

応用してみよう！
長期目標や達成したい課題があったら
・最終目標を数字に直す
・毎週達成するための数字を割り出す
などの工夫をして、自分が着実に進んでいることを常に確認できるようにしましょう。

アルバート・バンデューラ
カナダ生まれ。アイオワ大学大学院で学習理論に関心を抱き、学位取得後にスタンフォード大学教授となる。世界でもっとも影響力のある心理学者の1人。有名なモデリングにもとづく社会的学習理論において、子どもの暴力とメディアの関係などを心理学的に考察した。

019 日本的な職場で働く人間関係のポイント

タテ社会

● 「場」ってなんだ?

ロングセラーである中根千枝さんの『タテ社会の人間関係』によると日本型組織というのは「資格」によらずてんでバラバラな人々によって構成されているため、単なる寄り合い所帯の域を出るのが難しいとされています。

そのような寄り合い所帯的集団を、結びつきの強い「組織」とするために「同じ場」(同じ釜のメシを食った仲)を共有しているという情的な結びつきが、事あるごとに強調されるというのです。

● 能力で貢献するだけでは十分じゃないの?

この特性を踏まえれば、なぜ「日本型組織」がことあるごとに会議を開いたり、「ただ能力的に貢献すればいい」という態度を極度に嫌うのかがわかります。

組織のメンバーは年齢も違えば出自も違い、学歴も違えば、価値観も違うのです。だからこそ「同じ組織に属しているから組織のために全力を尽くす」という感情的な結びつきがとても大事になるのです。そういう感情を持たない人や、それを損なうような言動は批判の対象となるわけです。

そのため会社で生活をしているかのような、長時間労働やサービス残業など、海外の人には理解しがたい「日本ならでは」の現象がしばしば発生します。会社への情的献身は、ときに組織力を非常に強めることもあれば、集団で非合理的判断にとらわれるという弱みにつながるケースもあります。

◉──すぐやる人 ▶▶▶ 場を考慮する!

図19　タテ社会
「場」や「感情」が優先される仕組み

		タテ社会（日本）
事例	社会	単一所属
	会社	序列主義
理論	原理	感情／場
	組織構造	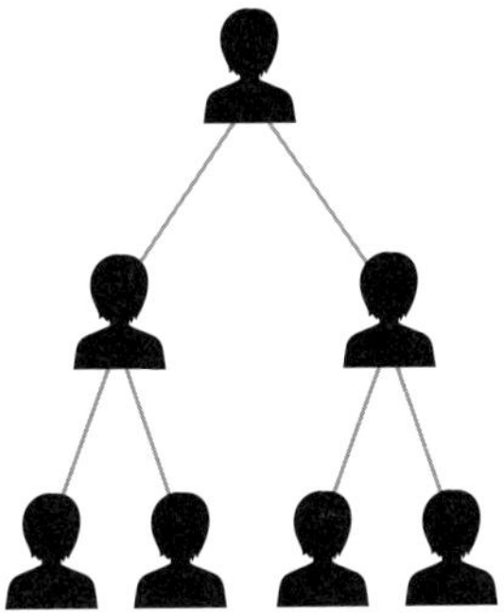

日本型組織では同じ「場」を共有していればそれだけで「組織員」として認められる。しかし、その代わりにメンバーは「情緒的な没入」を要求される。

出所：『タテ社会の人間関係』中根千枝　講談社を参考

応用してみよう！
場を考慮せず、結果のみ求めて合理的な行動をとろうとしない。

中根千枝（なかね・ちえ）
1926年東京生まれ。東京大学文学部東洋史学科卒業後、ロンドン大学で社会人類学を専攻。東京大学東洋文化研究所所長などを経た後、東京大学名誉教授に就任。研究対象はインド・チベット・日本の社会組織。

020 何をやってもうまくいかないと思い込んだら、やる気はなくなる
Learned Helplessness

● 学習性無力感ってなんだ？

　マーティン・セリグマンがイヌを用いて明らかにした心理現象。

　電流を流した囲いの中で逃れることのできない電気ショックを与えられ続けたイヌは、それとは違った環境に移されても、囲いの外へ逃れようとしなくなり、うずくまったままになってしまう。

　これは電気ショックから回避する術はないということをイヌが「学んだ」とし、「学習性無力感」と定義されました。

　学習性無力感を学習した動物は、一般に生理的欲求が減衰したり、体重が減ったり潰瘍(かいよう)を患ったりしやすくなります。

● 誤った思い込み

　セリグマンは、人間の抑うつ症のあるタイプには、学習性無力感を学んでいくイヌとよく似たメカニズムがあることを指摘しました。抑うつ者は、重要な仕事の失敗、慢性疾患による苦しみ、配偶者の死、または手ひどい恋愛の喪失などが要因となって、行動を起こすことの無意味さを「学習して」しまいます。

　ここでいわれる抑うつ者とイヌとの共通点とは、自分の行動と不幸な現実との間には、実際は永続する因果関係がないにも関わらず、それがあるように思い込んでしまうことです。

◉──すぐやる人 ▶▶▶ 可能性リストアップ！

図20　学習性無力感
学習することが無意味に思えてしまう仕組み

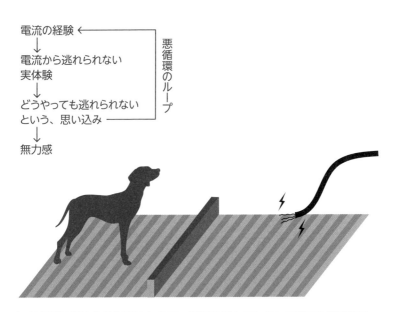

イヌは電流を流されると不快なので、電流の流れていないエリアに至るまで、飛んだり動いたりするが、どうやっても電流から逃れられない状況を「学ばされた」後のイヌは、電流を流されてもその場でじっとしてしまう。

応用してみよう！
モチベーションがなかなか上がらないとき、自分がどんなことを嫌がっているかをノートに書き出すなどして確かめてみましょう。それに対してかつて自分がどんな行動をとったことがあるか？　記憶を掘り下げて、まだ他にできることをピックアップしてみましょう。

マーティン・セリグマン
アメリカの心理学者。1967年にペンシルベニア大学で博士号を取得し、同大学教授となる。イヌを用いた学習性無力感の実験を通じ、広汎な悲観主義と抑うつ症の関係を指摘した。その後、楽観主義と幸福感、健康に及ぼす影響などについて著作を書き、ポジティブ心理学の先駆的な存在となった。

第3章

チーム力を高める産業心理学

メンバーとして、モチベーションの保ち方、高め方を理解するのに社会心理学は役立ちますが、同時にチームマネジメント、組織のあり方を検討するのにも、心理学の知見が応用できます。社会心理学を基礎として、産業心理学と呼ばれる分野では、プロジェクトの効果的な進め方や、チームのまとめ方、リーダーが気をつけるべきことなどが徹底的に研究されています。

021 チーム編成には適当な人数というものがある
Social Loafing

● 社会的手抜きってなんだ？

　進めなければいけない企画が遅れがちになっていて、しかも、関係者はそれを十分理解しているはずなのに、いっこうに仕事を進める気配がない。そんなときは、関係者の人数をチェックしてみるとよいかもしれません。

　集団で協同作業を行うとき、一人ひとりが作業に投入する努力の量は、人数が増えるほど低下するという社会心理学の研究があります。「社会的手抜き（ソーシャル・ローフィング）」と呼ばれています。

　社会的手抜きは、チームの人間が本当は多人数ではなくても、多人数だと思うだけで発生します。ビブ・ラタネという有名な社会心理学者が、その実験をしていて、個人に単独で作業させておきながら、「みんなと一緒に作業している」と思わせるだけで、個人の努力量が下がることを突き止めています。しかも、その人数が増えるにつれ、努力量は下がっていくのです。

　ということは、社会的手抜きが起こっていた場合、チームの人数を減らすだけではダメで、減ったチームの中にいる一員であるということを、メンバー全員に認識させる必要があるわけです。そうでないと、メンバーは相変わらずやる気を出してくれないでしょう。

● チームに適当な人数は5人？

　どのくらいの人数がチームとして最適か？　ということに、一般的な答えはありません。プロジェクトの規模にもよるからです。ただし、**社会心理**

◉──すぐやる人 ▶▶▶ チームは5人以内で！

学によればチームの1単位として、5人を超えたあたりから生産性は確実に落ちていくという研究結果はあります。

チームが大きくなりすぎると、単に「他人任せ」になって、社会的手抜きが生じやすくなるというだけではなく、自分の貢献が他人に認識されにくくなるからやる気を失うという問題も発生します。

図21　社会的手抜き
「手抜き」が起こらない仕組み

たとえば、チームメンバーが14人とすると……

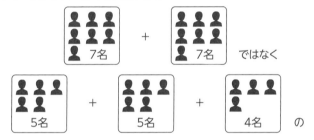

3チーム編成にしてみよう！

自分がたくさん仕事をしなくても十分すぎるほど人員がいると思うと「ただのり」したいと思う人が増えてきて、人数ほどの生産性は見込めない。

 応用してみよう！
大きな組織においてはチームを5名以内に分割するといいでしょう。

 ビブ・ラタネ
アメリカの社会心理学者。1963年にミネソタ大学で博士号を取得。他者の存在が人間心理にどう影響にするかについて優れた研究をした。たとえば、周囲に多くの人が存在しているのに、助けを必要とする人を助けようとしない現象を説明した「傍観者効果」は有名。

022 「成功」にとらわれすぎない
Superstitious Behavior

● 迷信行動ってなんだ？

　青いランプをつつくとエサが出るような仕掛けを施しておくと、そのカゴに入れられたハトは、しつこく青いランプをつつくように学習します。有名なバラス・フレデリック・スキナー（B.F.スキナー）によるオペラント条件付けと呼ばれるものです。

　これを少しアレンジして、ハトが何をしているかにまったく関係なく、ただ15秒ごとにエサが出てくるように仕掛けます。するとハトは、おのおのがユニークな動作を繰り返すようになったのです。実際にはハトが何をするかは関係なくエサが出るのに、あるハトは「自分が頭を振ったからエサが出るようになった」と勘違いしたのです。

● 成功体験を扱う難しさ

　スキナーはこれを「迷信行動」と呼びました。自分の動作がエサにありつく原因ではないのに、そう思い込んだからです。

　同じことが人間にも当てはまるとすれば、いいことでも悪いことでも、とにかく何か記憶に残るほどのことが起こったとき、たまたま何をしたかが大事だということになります。たとえば、偶然傘を持っている日に結婚相手と巡り会えたり、当選した宝くじを買ったりした人は、晴れの日でも傘を持ち歩くようになりえます。

　ビジネスの世界でよく「成功体験にしがみつくな」といわれたりするの

◉──すぐやる人 ▶▶▶ 成功体験を捨ててみる！

は、成功を「呼び起こす」のに必要な行動と、そのときたまたまやっていた行動を分けるのが、容易ではないからです。**成功と何の関係もない迷信的行動を、企画のたびに儀式的に繰り返すのは、時間の無駄にしかならないでしょう。**

図22　迷信行動
根拠のない成功体験が、行動へ駆り立ててしまう仕組み

たまたま奇妙な曲線を辿ってみたら食事にありつけた動物は、
以後同じような動きを繰り返すようになる。

 応用してみよう！
よく「成功体験に取り憑かれてはいけない」といわれますが、そういわれてもどうすればいいのかわかりません。むしろ成功だろうとそうでなかろうと仕事の経緯は記録に残し、後から記録を読み返し、過去の体験にこだわってしまっていないかをチェックするべきでしょう。

 B.F.スキナー
1931年にハーバード大学で博士号を取得。スキナーボックスを用いたオペラント条件付けの研究で行動主義心理学の代表的な存在となった。若い頃に作家志望だったこともあり、心理学者になった後にも、『心理学的ユートピア』という小説を書き残している。

023 プロジェクトの魅力を高めるには
Cognitive Dissonance

● 認知的不協和ってなんだ?

　ある退屈な仕事をしてもらいます。単純でずっとやっていると、ちょっと耐えがたくなってくる仕事というのはたくさんあります。
　その退屈で耐えがたい仕事をしてもらった人たちに、うそをついてもらいます。
「あの仕事はとても面白くて時間が経つのも忘れるほどだったよ」
　こんなうそをついてもらうのですから、ある人には100円。他の人には2,000円の報酬を支払います。
　すると不思議なことが起こります。2,000円をもらった人たちは、うそはちゃんとついたものの、本音のところでは「あの仕事はやっぱり退屈だった」と思い続けます。しかし、100円しかもらえなかった人たちは「あの仕事は本当に楽しかった」と考え始めるのです。つまり、**うそをついたはずなのに、うそではなくなってしまう**のです。

● 人はなるべく変更しても差し支えないところを変える

　なぜこんなことが起こったかというと、100円しかもらえなかった人たちは、たった100円のためにうそをつきたくなかったからです。しかし「面白かった」とは喋ってしまっていました。これを「喋らなかったことにする」のは無理です。だからうそをつきたくなかったとすれば、うそではなかったことにすればいいのです。つまり「仕事は楽しかった」ことにすればいいわ

◉──すぐやる人 ▶▶▶ 決定後に悩まない!

けです。

　一方で、2,000円をもらった人たちは、「2,000円もらえるならうそをつくのも仕方がない」と考えたわけです。だから「仕事は面白くなかった」と「うそをついた」としてもそれを正当化できるだけの報酬を得ていたと考えられます。

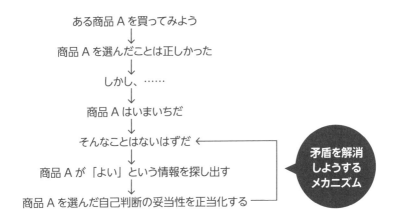

図23　認知的不協和音
自己正当化の仕組み

ある商品Aを買ってみよう
↓
商品Aを選んだことは正しかった
↓
しかし、……
↓
商品Aはいまいちだ
↓
そんなことはないはずだ
↓
商品Aが「よい」という情報を探し出す
↓
商品Aを選んだ自己判断の妥当性を正当化する

矛盾を解消しようするメカニズム

応用してみよう！
チームメンバーが乗り気になってくれないプロジェクトに乗り気になってほしいときには、似たようなプロジェクトを2案並べて、よりよい1つを選択して集中するようにしてみましょう。2つ似たような企画のうち1つを選ぶためには「選んだ方はすごく魅力的だった」と信じる必要が出てきます。

レオン・フェスティンガー
アメリカの心理学者。1942年にクルト・レヴィンのもとでアイオワ州立大学の児童心理学博士号を取得する。その後、マサチューセッツ工科大学（MIT）、ミネソタ大学、スタンフォード大学などの教授を歴任。独創的な仮説にもとづき、実験社会心理学という新しい分野を先導し、社会心理学に多大な影響を与えた。

024 人は実験が好き
Hawthorne Studies

● ホーソーン研究ってなんだ？

「ホーソーン研究」は、シカゴのウェスタン・エレクトリック社のホーソーン工場で行われた実験的な研究の総称です。最初この研究は、工場労働者の生産性に対して、照明の明るさ、休憩時間、作業時間などの変化などがどう影響するかを調べるためのものでした。

しかし、実験を進めるうちに、意外な事実が判明します。たとえば、照明を明るくすると、生産性は向上しました。しかし、照明を暗くしても生産性は向上しました。休憩時間を長くしたり短くしたりしても、やはり生産性が向上するようでした。

問題は、労働条件をどのようにいじっても、それと生産能率との因果関係が一切見い出せないことだったのです。それどころか一連の実験を終えてすべてをもとに戻しても、生産性は以前より向上したのです。

つまりこの研究は、初期の実験デザインによってその効果を測定するという意味においては、完全な失敗に終わるはずでした。しかし、実験に参加したエルトン・メイヨーは画期的な仮説を導き出しました。

● 集団の一員は集団に認められたい

工場の生産性の向上に寄与したのは、自分たちが注目され、実験されているという事実の自覚にありました。

現在の産業心理学では常識的な話ですが、その常識のもととなった実験が

◉──すぐやる人 ▶▶▶ 仲間意識！

ホーソーン研究にあったのです。集団の参加者は、集団の一員としてよく認められたり、仲間とうまくやっていくための規範などに強く影響されることが明らかになったわけです。

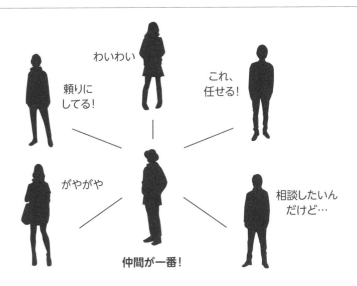

応用してみよう！
集団の士気を高めるため、どんなことでもいいので、それらしい実験を行ってみるのは有効です。もちろん、まったく無意味な実験よりは、生産性と関係のある実験が望ましいでしょう。そして実験それ自体で士気を高める効果が見込めます。

エルトン・メイヨー
1880年生まれ、オーストラリア出身の心理学者。1930年代にハーバード大学で産業心理学科教授に在任中、社会学者のF.J.レスリスバーガーらとともに、ホーソーン実験に参加した。組織における人間的感情の重要性を説き、人間関係論を先導した。

025 他人に期待することの あなどれない効果
Pygmalion Effect

● ピグマリオン効果ってなんだ？

「ピグマリオン」はギリシャ神話からとられた言葉です。「ピグマリオン効果」というのは、教師が生徒に対していろいろと期待をかけると、期待をかけられた子どもたちの学業成績によい影響を及ぼす現象です。生徒の側は、そんな期待をかけられていると知らなくてもこの効果は起こります。

実証実験はロバート・ローゼンタールによって次のように行われました。

まず、生徒にごく普通の知能テストを受けてもらいますが、その知能テストは「ハーバード大学式学習能力開花期テスト」とされ、そのテストによって1年後の成績の伸びを予想できると教師たちは告げられます。

そのテストの成績とは無関係に、ランダムに選んだ子どもたちのリストを教師に見せ「このリストの生徒は、数カ月の間に成績が伸びると予想される」と告げました。すると、実際にその生徒たちの成績が有意に上昇したのです。

● 期待をかけると期待通りになる

社会心理学にはこの種の実験が多く見られ、もっと広くは「自己充足的予言」と呼ばれるものがあります。ある予測を立てると、その予測を意識した人々の行動を左右し、結果としてその予測どおりになります。検査の結果、病気になりやすいといわれた人が、病気になることを心配して、実際に病気になってしまうといった「予測」がそれに当たるでしょう。

◉——すぐやる人 ▶▶▶ 期待する！

特定の生徒に教師が期待をかけることによって、教師の行動が無意識のうちに変化することは確かに考えられます。学習と学習意欲の関係などには微妙な要素が多く絡んでくるため、ちょっとした教師側のケアや態度が、生徒の成績に大きな影響を及ぼすわけです。

図25　ピグマリオン効果
周囲からの期待が結果を生む仕組み

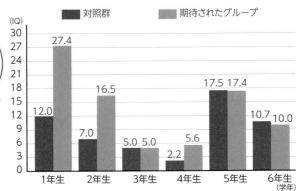

「期待する」「期待される」どちらも大切！

出所：Pygmalion in the classroom – Springer
http://link.springer.com/article/10.1007/BF02322211#page-1

応用してみよう！
ピグマリオン効果をそのまま実地に適用するとなると、どうしても他人へ期待すればいいとなりがちですが、この実験では「期待するモチベーションを教師が持たされている」点に注意しましょう。具体的なことを意欲的に期待することが大事です。たとえば「部下がすばやく仕事を終えることを期待するなら、上司としてするべきことは何か？」というふうに考える必要があるわけです。

ロバート・ローゼンタール
アメリカの心理学者。ハーバード大学教授。ピグマリオン効果とよく似た、実験者効果を示したことでも有名。実験者効果とは、心理実験などで、実験する側の結果に求める期待感に、被験者が沿った行動をしたり答えたりしてしまうこと。

026 言い訳を用意するところから始めていないか
Self-Handicapping

● セルフ・ハンディキャッピングってなんだ？

うまくいくかどうか、自信が持てないことをやらなければならないとき、**人はしばしば、自分で自分の妨害となるような条件を作り出したり、そういう条件下に置かれたことを強調**します。これを「セルフ・ハンディキャッピング」といいます。

代表的なセルフ・ハンディキャッピングとしてはアルコールの摂取、無意識的な努力の低下、難しいやり方や条件をあえて選択する、不安感の強調、体調不良の強調、病気の主張などが挙げられます。

自信のないプレゼンをしなければならないとき、緊張が抑えられないことを主張しておくなどは、よく見受けられます。「時間が足りない中で、徹夜で準備した」というのもこれに含まれそうです。そのような条件下でも「成功すれば自分の能力は極めて高いと思うことができ、失敗しても時間が足りなかったし徹夜で体調が悪かったから仕方がない」と思うことができます。

● セルフ・ハンディキャッピングを起こしやすくする状況

セルフ・ハンディキャッピングという「戦略」を人が採用したくなるのは、次のような状況です。

1つ目は、課題達成をどう評価されるかについて、自信が持てないとき
2つ目は、課題が最後まで達成できるという見通しが立たないとき

1つ目は、特に重要です。判で押したように批判的なことしかいわない上

◉──すぐやる人 ▶▶▶ 先送りにしない！

司のもとでは、よくこんなことが起こります。どうせよい評価が得られないのなら、自分の条件を不利にしておいた方が、自尊心を保つ目的だけは達成できるからです。

図26　セルフ・ハンディキャッピング
自分で自分の仕事を妨害する仕組み

セルフ・ハンディキャッピングのタネをつくる

本人が無自覚につくった壁 ── 徹夜というアピール

体調不良という言い訳 ── 本人が無自覚につくった壁

↓
成功しそうにないプレゼン
↓
プレゼン失敗
↓
仕方がないという言い訳

応用してみよう！
セルフ・ハンディキャッピングらしく見えるビジネス上の問題に「先送り」があります。先送りしたくなったら、無意識のうちに自分にハンディを負わせようとしていないか、ちょっと考えてみましょう。

ロバート・アーキン
1976年に南カリフォルニア大学で博士号を取得。社会心理学の分野において、帰属理論などを研究。さらに、自己開示、自己呈示の理論からセルフ・ハンディキャッピングという考え方を展開した。

027 どうしてそうしたかを説明しないと理解されない
Attribution Error

● 帰属のエラーってなんだ？

「私の何がわかるというのか！」とやりきれない気持ちになったことのある人は多いと思いますが、ごく身近な人まで、当然理解してくれてよさそうなことすら、誤解されがちなものです。

なぜそういうことになるかというと、人間の視点にはさまざまな偏見（バイアス）がついてまわるからです。

何か注目すべき事が起こったとき、その原因を何に求めるかについて、公平無私な態度というのはないわけです。たとえば、自分の嫌いな人が大成功を収めたとき、その原因を本人の有能さと努力のたまものだと思う人は珍しいでしょう。そうではなく「偶然だ！」とか「周りに見る目がないからだ」と考えるでしょう。

● 観察者にはわからない

帰属のエラーに**「行為者・観察者バイアス」**というものがあります。たとえば早朝の駅で後ろから走ってきてぶつかりそうになりながら、謝りも振り向きもしないような人に出くわしたら「勝手で乱暴な（性格の）人だ」と思うかもしれません。これは観察者という偏見をとおして見ているからです。

大慌てで走っている人にしてみれば、その日は大事な会議にたまたま遅刻しそうで、いつもとはまったく違うくらい慌てているのかもしれません。

一般に観察している人は、人の行動を見て「その人の性格がそうさせるの

◉──すぐやる人 ▶▶▶ 誤解をとく！

だ」といったように、性格に原因を求める傾向にあります。

　逆に行為者は「今の状況だからこういう行動をとるしかない」といったように、状況に要因を訴える傾向が強くなります。

図27　帰属のエラー
行為者・観察者のバイアスの仕組み

間に合わないとたいへんなことになる…

傍目には運転手の性格が乱暴なだけに見える

応用してみよう！
その人の特徴的な行動は「悪い性格」とみなされがちであるということは、記憶しておく必要があります。自分が誤解されていると思ったら、きちんと周囲に説明しておきましょう。

フリッツ・ハイダー
オーストリア出身でアメリカの心理学者。1920年グラーツ大学にて博士号を取得。1947年にカンザス大学教授となる。他者の行動の解釈過程に関心を抱き、それが後に帰属理論へと発展していった。

028 人がいた方が仕事は進むのか?
Social Facilitation

● 社会的促進ってなんだ?

1900年頃までの研究によれば、同じような行動をとる人が近くにいたり、評価者の目が合ったりした方が、活動の生産性は向上するという考え方が支配的でした。

しかし、誰もが経験的に知っているように、一緒に仕事をする人がいるから仕事が進むということもあれば、逆に、他人の目が邪魔になって仕事がうまくいかなくなることもあります。

ロバート・ザイアンスは、クラーク・ハルの動因水準の上昇という考え方を導入して以上の現象を説明しました。動因水準が上昇すると、うまくいくことはうまくいきやすくなり、失敗しがちなことはより失敗しやすくなります。

● ギャラリーがプラスに働く場合もあればマイナスになる場合もある

動因水準、もしくは覚醒水準が上昇するということは、主観的にはより緊張感が増すということです。**比較的易しい課題、あるいはうまくできる自信のある課題は緊張感が高い方がうまくいくものです。**反対に、自信のない難しい課題では、緊張感が高くなると失敗しやすくなります。

ペーター・ハントらはこの仮説を実験し、簡単な迷路の課題では、1人でやるよりも一緒に課題に挑戦する方が成績がよく、難しい迷路ではその逆になることを示しました。

◉──すぐやる人 ▶▶▶ 難易度で選択!

図28 社会的促進
単独か集団行動かの仕組み

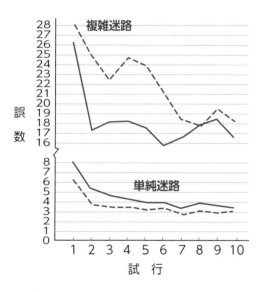

応用してみよう!
仕事に集中するには1人がいいのか、ある程度周りに人がいた方がいいのか。個人差で説明されることの多いこの問題は、実は課題の難易度によって変更すべきなのです。

クラーク・ハル
アメリカの心理学者。ウィスコンシン大学で心理学の学位を取得。ハルの説はワトソンの影響を強く受け、それを改善した新しい刺激-反応理論（S-O-R）である。行動を数学的方程式で計測しようとするハルの理論は『行動の原理』でもっとも整理されている。

029 対人戦略の基本
Prisoner's Dilemma

● 囚人のジレンマってなんだ？

囚人が2人いると仮定して、お互いが裏切るか、または協調するか、ということが問われます。つまり、お互いの利得を計算した場合、どういう条件が得になるか？　という心理戦です。図表ではそのジレンマに陥る状況を示しています。

日常的によく見られるのが競合関係にある価格競争です。

携帯電話会社AとBとが非常に似たようなサービスで競争し合っているケースでは、価格を下げるというのは有効な戦略です。

しかし、AもBも価格を下げてしまうと、お互いの顧客獲得数に変化がないまま、収益だけが減ることになり、お互いが損します。このような状況では、お互いに話し合って価格を維持するのが一番いいでしょうが、それは談合になってしまうのでできません。いつ相手が「裏切って」価格を下げてくるかがわからないので、黙って価格を維持するのも安全策とはいえません。

このような状況に陥ることを「囚人のジレンマ」といいます。

● どんな戦略が生き残りに有効か

ロバート・アクセルロッドはこの囚人のジレンマに似た状況がずっと続く状況では、どんな戦略をとると有利に生きていかれるかを、コンピュータでシミュレートしました。アクセルロッドは専門家に戦略プログラムを用意してもらって、プログラム同士を「闘わせる」ことにしたのです。

◉──すぐやる人　▶▶▶　シンプルな戦略を！

その結果非常に興味深いことに、「初回は協力関係を呈示し、以後は自分がされたことを相手にする」というかなり単純な戦略しか持っていないプログラムが勝ち残ったのです。つまり、**相手が協力するなら協力し、相手が裏切ったら裏切る、という戦略**です。

図29　囚人のジレンマ
競争戦略の基本を学ぶ仕組み

	相手： 黙秘（協調）	相手： 自白（裏切り）
自分： 黙秘（協調）	自分も相手も黙秘すればそれぞれ懲役3年ずつとなる。これは両者とも協調した結果	自分だけが相手に協調し黙秘して、相手が裏切っていたら、相手だけが釈放され、自分だけ懲役10年となる
自分： 自白（裏切り）	自分だけが相手を裏切って、司法取引などに応じた場合、自分だけが釈放され、相手は懲役10年となる	自分も相手もお互いを裏切った場合、両方とも懲役7年となる

典型的な囚人のジレンマ。こうした状況で相手と相談もできないときには、黙秘するのも自白するのも、相手次第でよい戦略となるが、最悪の結果にもなりうる。

応用してみよう！
「人間関係が苦手で、どうしていいかわからない」という人はとりあえず、自分と関係する人の行動を単純な「協調」と「裏切り」とに分類してみましょう。自分としては「協調」しているのに「裏切る」のはどんな人か、そういう人は自分から見てどう見えるのかをわかりやすく「見える化」するわけです。自分なりの対人戦略に光明を見出すきっかけになります。

ロバート・アクセルロッド
　一般にはアメリカの政治学者とみなされていて、心理学者ではないが、囚人のジレンマを基礎に置いたコンピュータ・トーナメントの研究により、社会心理学に大きな影響を及ぼした。

030 断られそうな頼み事をするとき
Foot-in-The-Door Technique

● **フットインザドアってなんだ？**

「段階的要請法」はフットインザドアという名前の方が知られているかもしれません。

会社の同僚などにお願いしたいことがあったとして、それをそのまま伝えてしまうと断られそうだと思ったとき、小さい要求から大きい要求へと段階的に依頼していって、相手の承諾を得るというテクニックです。筆者は以前羽田空港で、まさにこの通りの依頼の仕方で要求されたことがありました。

最初は「新しいペンの書き心地を試してもらっている」というところから始まって、最後は航空会社と提携したクレジットカードの申込みを求められました。

● **自己知覚理論**

このテクニックでは、小さな要求を受けてしまうと、より大きな要求を退けにくく感じます。このような心理が発生する理由として、ダリル・ベムの「自己知覚理論」が持ち出されます。自己知覚理論によると、報酬や感情によって行動を起こしたということが明確でない場合に、自分の行動の理由を説明するべく、自分のとった行動と状況とを手がかりにして、自分の内面を「推論する」のだといいます。

つまり、「こういう依頼を受けた状況において、自分は人の求めによく応じる人間だ」と推定してしまったので、この推定がその後の行動にも影響を

◉──すぐやる人 ▶▶▶ **少しずつお願いする！**

与え続けるというわけです。

　大事なことは、どうして最初の要求を聞き入れてしまったのかを、自分でもよく分かってないことです。よく分かってないから、たぶん自分はそういう人なのだろうということで、大きな要求も呑むわけです。

図30　フットインザドア（段階的要請法）
より大きな要求を呑ませる仕組み

小分けにして一歩一歩依頼に応じさせて、最後の依頼まで誘導する。
途中で報酬を与えないことがコツ。

 応用してみよう！
段階的要請法は応用範囲が広く、よく使われている依頼のテクニックですが、ポイントは途中で報酬を与えないことです。私は空港でアンケートに答えてペンをもらったのですが、そうするとそこで自分はペンがもらえたからアンケートに答えたと思って満足してしまうので、クレジットカードに申し込む動機づけが一気に失われました。

 ダリル・ベム
コーネル大学の心理学教授。妻のサンドラ・ベムとともに、社会心理学者として知られているが、奇術師という面も持っており、超心理学実験に関して旺盛に研究している。

031 | 先行する刺激は影響力大
Priming Effect

● プライミングってなんだ?

　プライミングを知らない人でも「サブリミナル効果」ならご存じかもしれません。映画を見ている最中、聴衆が気づかないくらい高速にポップコーンのCMを挟んでおくと、映画を見終わった後に聴衆がポップコーンを食べたくなるというようなエピソードが有名です。

　これには追試が行われ、それほどの効果はない、あるいはそんな効果はまったくないという指摘もあります。しかし、こんなに手の込んだやり方でなければ、似たような効果は上げられるのです。

　心理学者のジョン・バーグはかなり奇妙な一連の実験を行ってそれを証明しました。有名な事例を1つ取り上げますと「言語能力を調べる」といわれた被験者が「しわ」「引退」「ゲートボール」などの言語パズルを行いました。するとその被験者たちは、わずかにせよ歩行速度が落ちるのです。言語能力テストであらかじめ「老人」を連想させられていたからでした。

● あからさまよりも、気づかれないくらいが効果的

　老人を連想しただけで、「老人」→「歩行速度が遅い」というステレオタイプにつながり、それが自分の行動に影響するというのは何とも不思議です。この種の指摘はたくさんなされ、影響を受けずにいられることはあり得ない、と心理学者の意見は一致しています。

　ただプライミングは、そういう連想をさせられるとわかっているほど効果

◉──すぐやる人　▶▶▶　先に連想させる!

が弱くなるようです。反対に、あまり気にも留めていないと、あっさりと影響されてしまうようです。

図31　プライミング
先行する刺激に影響される仕組み

「丁寧な言葉」のパズルをした被験者は会話に割り込むまでに9分以上待つ

言葉のパズルを終えた被験者はその後のテストのために場所を移動させられるが心理テストの実施者は会話している

「乱暴な言葉」のパズルをした被験者は会話に割り込むまでに5分しか待たない

応用してみよう！
会社やチームのモチベーションを高めたいときには、メンバーのやる気が上がるような「賞与」とか「目標達成」のような言葉、またはイメージを頻繁に目につくようにするとよいでしょう。それがチームの仕事と直接関係ないくらいの方が、メンバーが気づきにくいので、効果を発揮するはずです。

● 参考文献
Automaticity of social behavior : Direct effects of trait construct and stereotype activation on action.
By Bargh, John A.; Chen, Mark; Burrows, Lara

032 チームメンバーに伝えるべきことはしつこく伝える
Spotlight Effect

● **スポットライト効果ってなんだ？**

　私たちは自分の「内面」について大きな考え違いをしています。自分たちが思っている以上に、自分の考えていることなどが他人に伝わっていると思い込んでいるのです。私たちの内面は、実際にはまったく伝わっていません。大勢の心理学者と認知科学者が何度も実験してわかっていることは、人は他人のうそを見抜く能力が極めて低いにも関わらず、極めて高いとうぬぼれているということです。「見抜かれる」ことへの恐れもこの心理を反映しているのです。

　コーネル大学のトマス・ギロビッチらはごく単純な実験をしました。学生を聴衆の前に立たせて、指示を出し、うそをついてもらいます。聴衆の側は、うそを見抜けたら賞品がもらえます。

　結果、うそをついた学生は「半数の学生にはばれただろう」と思いましたが、実際にうそが見抜けた聴衆はその約半数の25％に過ぎませんでした。しかも、聴衆の側は5人のうちの1人はうそをついていると知っていて、それを当てずっぽうでも当てればよいという条件だったのです。

● **くり返し考えていても伝わらない**

　人の内面というのは他人に伝わっていません。しかし、一般的には他人に伝わってしまっているし、外から見抜くこともできると信じられています。「スポットライト効果」が示しているのは、そういうことです。

◉──すぐやる人 ▶▶▶ 伝える努力を！

「いわなくても分かるだろう」と考えている人がたえないのは、間違いなく意思伝達に関する誤解のせいです。自分が繰り返し考えていることなら、一度や二度、ボソボソッといえば相手に1から100まで伝わると勘違いしてしまうのです。それはまったくの思い違いです。よくいわれているとおり、他人は自分のことを考えるのに忙しく、あなたのことに注目している暇などまったくないのです。

図32 スポットライト効果
自分の意思が他人には伝わらない仕組み

相手には何も伝わってないということが実際によく起こる

応用してみよう！
仕事仲間に伝えるべきことがあったら、「くどいくらいに努力して」伝えるべきだということを、スポットライト効果はよく物語っているといえます。繰り返しのようですが、伝える側も伝えられる側も双方に誤解があるせいで、私たちは「テレパシーで物事を伝えよう」としているのです。テレパシーはないにも関わらず。

● 参考文献
The Spotlight Effect and the Illusion of Transparency
Egocentric Assessments of How We Are Seen by Others
Thomas Gilovich and Kenneth Savitsky1

第4章 クリエイティブな アイデアを育む 深層心理学

これからの時代、新しいイノベーションのための、新しいアイデアや発想などがますます必要とされるでしょう。深層心理学では心の比較的見えやすい部分から、意識の底の、自分でも気づきにくいところまで潜っていく方法論が展開されてきました。そこで偶然に得られるユニークなアイデアを生かせるようになりたいものです。

033 創造的なチェックリスト
Brainstorming

● ブレイン・ストーミングってなんだ？

「ブレイン・ストーミング」とは、アイデア発想のための集団思考法です。考案者のアレックス・オズボーンによれば次の原則に基づいたアイデア発想を会議します。

「他人のアイデアについて評価・批判しない」
「自由なアイデアを尊重する」
「アイデアの量を求める」
「他人のアイデアの結合・改善をする」

これらの原則を確認し、まず1人がアイデアを発表します。次に別の人がこのアイデアを発展させたり、あるいは新しい考えを呈示します。これを繰り返し続ける方法論です。

● オズボーンのチェックリスト

さらにオズボーンは、ブレイン・ストーミングのみならず、1人でアイデア発想するためのチェックリストも考案しています。これは「オズボーンのチェックリスト」と呼ばれ、チェック項目の質問に答えていけば、自然と優れたアイデアを発想できるというものです。

このチェックリストでチェックしているのは、ふだんアイデアを考えたり、コピーを考えたりする際の、私たちの思考操作です。思考操作を効率的かつ網羅的に行うために、このようなチェックリストを使うわけです。

◉──すぐやる人 ▶▶▶ 意見を否定しない！

図33　ブレイン・ストーミング
よいアイデアを生み出す仕組み

オズボーンのチェックリスト

☑ **1. 転用（Put to Other Uses）**
別の使い道はないのか？

☑ **2. 応用（Adapt）**
別の形で生かすことができないか？
他からアイデアが借りられないか？

☐ **3. 変更（Modify）**
色、形などを変えられないか？

☐ **4. 拡大（Magnify）**
大きく、重く、長く、厚くできないか？

☐ **5. 縮小（Minify）**
小さく、軽く、薄く、短くできないか？

☐ **6. 代用（Substitute）**
他のもので置き換えられないか？

☑ **7. 再構成（Rearrenge）**
並べ替えたり、順番を変えたりできないのか？

☑ **8. 逆転（Reverse）**
逆転、反対、裏表にしたらどうか？

☐ **9. 総合（Combine）**
結合、連合したらどうか？

応用してみよう！
こういうチェックリストを用いて何かしらのアイデアを得ようとするときには、懐疑的な気持ちを捨てて、機械的に用いてみるとよいでしょう。キャッチコピーなど、すぐにでも応用がききます。

アレックス・オズボーン
アレックス・オズボーンはハミルトン・カレッジを卒業後、さまざまな職業についており、心理学の教鞭をとっていたこともある。ブレイン・ストーミングの生みの親として知られ、「オズボーンのチェックリスト」などは日本でもたびたびアイデア発想術の書籍などに登場する。

034 意識の深層にあった アイデアを見つけ出す
Collective unconscious

● 意識の深層ってなんだ？

　もともと深層心理学というのは、いささか理解に苦しむ人の行動を理解するために、無意識を重視する心理学のことです。自分で把握でき、他人に説明もできる、表層的な意識にあることがらとは別に、深層の無意識には「自分」の理解を超えた願望や発想が潜んでいるという心理学的なモデルがあります。ただ単に意識の感知できないものが深層に潜んでいるだけではなく、意識よりも深層の無意識によって人間の行動が左右されていると見る立場が深層心理学なのです。

● 創造的な無意識

　本来は精神分析学的な治療のために考案された考え方でしたが、現在では自由な発想や自分の本当の望みなどを「意識の深層」に求めるという考え方も認められるようになりました。夢や自由連想法などによって「深層心理にアクセスする」といった場合、どちらかといえば「治療」よりも「創造性」を意識していると思われます。

　深層心理の内容に創造的なものを認めた創始者として、カール・グスタフ・ユングが日本では有名です。

　意識の深層に無意識の世界が広がっているなどといわれても、懐疑的な人にはうさんくさい話と思われるかもしれません。しかし、記憶の中にはふとした拍子にしか思い出せない古い内容が潜んでいるのがむしろ普通ですし、

◉——すぐやる人 ▶▶▶ 無意識を意識する！

意識的には考えつかないような夢を「自分の頭が毎晩のように作り出している」のも事実でしょう。

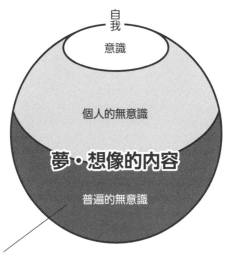

図34　普遍的無意識
無意識の可能性を意識する仕組み

集合的無意識とも呼ばれている。この一番深いところにある無意識は民族や人類に共通するアルカイック（太古的）なものであると定義されている。仏教でいう「阿頼耶識（あらやしき）」と類似した概念である。

応用してみよう！
33のオズボーンのチェックリストをもとにアイデア発想する際、なるべく「意識の深層」にアクセスできるように発想する際の条件を変えてみましょう。アルコールが入っているとき、妙にテンションが高くなっているときや反対に落ち込んでいるとき、真っ暗な部屋にいるときは、違う発想が出てくるかもしれません。

カール・グスタフ・ユング
スイスの精神科医で分析心理学の創始者。1900年にバーゼル大学で医学を修め、1907年にジークムント・フロイトと出会い、精神分析医となる。一時期はフロイトの後継者と目されるようになるが、理論の相違から徐々に関係が疎遠になる。

035 書き出して整理すると アイデアが得られるのか?

KJ法

● KJ法ってなんだ?

心理学ではありませんが、地理学者の川喜田二郎氏が「KJ法」という発想法を案出して、かなりの人気を博しています。心理学的にも有効な方法論ですのでご紹介します。

KJ法では、付箋またはカードに思いついたことや観察した内容を書いていって、集まった情報カードを並べてから、整理していきます。整理するというのは、関係が深いと思われるカードをまとめたり、近くに置いたり、対立すると思われるグループ同士を矢印で示したりするのです。

そのようにした結果、バラバラだった情報全体の構造が明らかになり、あるいは思いがけない発想同士の結びつきから、新しいアイデアが創造されます。

● KJ法が有効な理由

このように、1つのテーマについて大量の概念を洗い出し、それを整理するという方法は、なぜアイデア発想に有効なのでしょうか。

心理学者のエンデル・タルビングなどによりますと、脳はあまりにも膨大な記憶内容を効率的に覚えたり思い出したりするために、記憶を「体制化」しているといいます。いろいろな単語のなかに「リンゴ」とか「バナナ」など果物の名前をランダムに混ぜておくと、テストされた人はそれらをまとめて先に思い出します。こうして脳は記憶の負担を減らしているのです。

◉──すぐやる人 ▶▶▶ 考えを可視化する!

これを逆にいうと、私たちの脳は一種の「クセ」を持っていて、頭の中にいろいろな観察事項、概念を持っていても、頭の中でそれらについて考える限り、一定の結論しか出せない、またはそもそも仮説に思い至らない、ということが考えられます。書き出して整理するという、頭の中でやっていることを頭の外でやることで、脳の「クセ」から解放され、脳内だけでは思い至らなかった新しい枠組みなどが発見できるわけです。

036 どうすれば創造的な人になれるのか?
Divergent Thinking

● 創造性ってなんだ?

　創造性というのは、分かるようで分かりにくい概念です。「あの人は創造的(クリエイティブ)だ」というと、何となく自由闊達なイメージもありますが、何ができるのかというのは分かりにくい。

　ジョイ・ギルフォードは知的思考を「収束的思考」と「拡散的思考」に区別できることを示しました。収束的思考というのは、一般的なテストでよく測定される知能で、数学の問題を公式で解くときに必要な思考です。

● 拡散的思考

　それに対して拡散的思考というのは、与えられた情報から新しい情報を作り出す思考と定義されています。手元にある道具を、工夫して使うと新しくて便利な使い方ができる、といったことを考えつく能力を指しています。ギルフォードは、創造性と関係する6つの能力をあげています。

・問題を発見する能力
・円滑な思考力
・思考の柔軟性
・思考の独自性
・再構成する能力
・工夫する能力

◉──すぐやる人 ▶▶▶ できる人を観察!

この6つです。この中の「円滑な思考力」「思考の柔軟性」「思考の独自性」が拡散的思考に該当するといっています。

図36　拡散的思考
創造性が発揮される仕組み

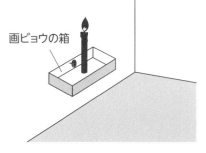

問題　「テーブルにロウがたれないようにロウソク、マッチ、画鋲を使って壁に取り付けてください」

正解　「画鋲の箱」を使うという発想が持てるかどうかがポイント

応用してみよう！
身の回りで「拡散的思考」によって成果を上げている人を観察してみましょう。そのような人が、ギルフォードのいうとおり「円滑な思考力」や「思考の柔軟性」を備えているとすれば、どのようにして取り入れられるかを考えてみましょう。

ジョイ・ギルフォード
アメリカの心理学者。コーネル大学で博士号を取得。知能の因子構造について独自モデルを提案したことで知られる。ギルフォードの構造理論によると、知的処理は3つのカテゴリーからなる120種の組み合わせから表現できる。

037 アナロジーで問題を解決する
Analogy

● アナロジー（推論）ってなんだ？

　創造性といっても、必ずしもまったく新しい発想を思いつく必要があるとは限りません。過去の経験に照らし合わせて、「解くべき問題」に似た問題を解いたことがあると思い出す。どちらかというと、そんな「アナロジー（類推）による問題解決」は多いといえます。

　アナロジーの最もシンプルな公式は、A：B＝C：Dという形式で表されます。
　紅茶：アイスティー＝コーヒー：X
　というような形式におけるXは何かを問います。ここでXをアイスコーヒーだと理解するために必要なのがアナロジー（類推）の能力です。

● アナロジーから創造・発明につなげる

　アナロジーによる「発見」の例としてよく持ち出されるのが、太陽系と原子の関係です。

　太陽系は、太陽という相対的に重いものと、金星や地球といった相対的に軽いものとで構成されています。また、太陽と地球などの惑星は互いに引き合っています。さらに重いものの周囲を軽いものが回っています。

　原子も同じように、相対的に重いものと軽いもので構成されていて、重いものと軽いものはお互いに引き合っていて、重いものの周囲を軽いものが回っているのではないかと考えます。すなわち、原子核の周囲を電子が回っているのではないかという類推をするわけです。

◉──すぐやる人 ▶▶▶ 似た構造を見つける！

太陽系と原子の関係の他、鳥と飛行機など、また、心理学でも水に浮かぶ氷から意識の構造、マインドマップと脳の中のニューロンの構造など、アナロジーは新しい発見・発明によく用いられています。

図37　アナロジー
似ている構造を探し出す仕組み

腫瘍問題

脳に悪性腫瘍がある患者を担当することになった。手術は不可能である。このままいけば患者は死亡するものとする。
放射線を十分な強度で照射すれば、腫瘍を破壊できるが、その強度の放射線では健康な組織まで破壊されてしまう。放射線の強度を弱めれば、組織に害はなくなるが、腫瘍も破壊できなくなる。

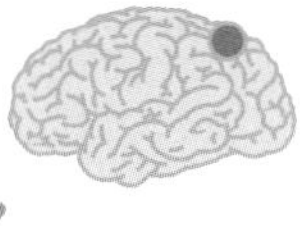

難易度 ⓗ

要塞問題

ある国の中央に独裁者の要塞がある。反乱軍の将軍が要塞を攻略しようとしていた。

要塞には多くの道が通じており、全軍で攻撃すれば要塞は攻略できる。しかし、要塞へのすべての道には地雷が仕掛けてある。

少人数であれば無事に通ることができるが、大軍が通れば地雷が爆発し、近くの村も被害を受ける。

要塞攻略は不可能と思われたが将軍は簡潔な戦略を考えた。**軍隊を小グループに分けて、合図とともに複数の道から一斉に攻撃したのである。** こうして将軍は要塞を攻略した。

回答　「要塞物語」を読んだあとなら「腫瘍問題」の解決策を思いつける人が3倍に増えます。

　「腫瘍問題」は、要塞を攻略した将軍と同じように「多数の弱い放射線を、異なる方向から腫瘍に一斉照射する」という解決策が得られます。

応用してみよう！
仕事をする時間が足りないといった問題を、お金が足りないという問題の類推から改善することはできないでしょうか？　あるいは他に適当なアナロジーはないでしょうか？

カール・ドゥンカー
ドイツの心理学者。ベルリン大学、クラーク大学で学びゲシュタルト心理学派として、問題解決についての実験的研究を行った。

038 思考パターンを切り替える
Lateral Thinking

● 水平思考ってなんだ？

　イギリスの心理学者であるエドワード・デ・ボノが1960年代に提唱した新しい発想法です。わが国でも『ポール・スローンのウミガメのスープ』（エクスナレッジ）などの書籍で一時話題になりました。この本は「水平思考を鍛えるための推理ゲーム」を集めた本なのです。

　ボノの指摘によると、従来から強調されてきた理論的思考や分析的思考は、問題解決のための論理を深めるのには役立つ一方で、斬新な発想は生まれにくいといいます。これら「垂直思考」に頼るクセがつくと、解き方がわかっている問題はよいが、解き方のわからない問題についても、同じようなアプローチを繰り返しだけになってしまって、新しいアプローチを発想しようという視点につながらないというのです。

● 視点を切り替える

　新しい問題解決のための発想となると、認知心理学ではしばしば「構え」という用語が出てきます。私たちが自然にとらわれてしまう特定のものの見方、すなわち「構え」にとらわれてしまうために、問題解決のための発想が思い浮かばないというわけです。

　「コロンブスの卵」などが水平思考の有名な事例でしょう。この場合には「卵をそのままの形で立てよう」とするのが「構えにとらわれた考え方」といえます。

◉──すぐやる人 ▶ ▶ ▶ 非常識に考える！

図38 水平思考
箱の中から出て、考える仕組み

6つの卵を6人で1つずつ分けました。カゴには1つの卵が残りました。なぜでしょう?

最後に1つ残った卵は、カゴごと卵を持って行った人がいた。

常識にとらわれない思考法

応用してみよう!
上の図の問題のように水平思考の「回答」は他愛のないものです。引っかけ問題とすらいえません。しかしこうした答えがなかなか思い浮かばないのは、私たちの思考がいかに特定の型にはまりやすいかを、よく示しています。「当然○○だ」とつい考えてしまう傾向をとにかく自覚するようにすれば、型にはまらない発想が思い浮かびやすくなるでしょう。

エドワード・デ・ボノ
人間の脳がどのように「自己組織化の情報システム」として作用しているかを理解することから「水平思考」という創造力を生み出す方法を開発。「パラレル・シンキング」と「6つの帽子」の生みの親でもある。

039 セレンディピティに遭遇する
Serendipity

● **セレンディピティってなんだ？**

セレンディピティとは「偶然に幸運な発見をする才能」とされます。1754年、イギリスの作家ウォルポールの小説のタイトル『セレンディップの3人の王子』からとられた言葉です。セレンディップとはスリランカのことで、昔アラブではこのように呼んだようです。その王子には「セレンディピティ」が備わっていたというわけです。

● **偶然に発見する能力とは？**

しかし「偶然に幸運な発見をする能力」というのは、一般的な感覚では矛盾があります。「偶然」なのに「能力」というのはおかしいのではないかということです。

この件についてニューヨーク・州立大学のモートン・マイヤーズ教授は簡潔にこう述べています。セレンディピティとは人間が「敢えてその出来事に注目し、謎を解き、正しい応用を見つけていく」過程であると。

つまり、偶然の出来事に出くわすだけでは十分ではないのです。それでは目の前の出来事をただ見送ってしまうでしょう。セレンディピティが備わっている人は、普通の人には注目できない出来事に「敢えて注目する」ことができるのです。それが「偶然の発見」につながるというわけです。

◉——すぐやる人 ▶▶▶ 好奇心を！

図39 セレンディピティ
偶然を必然に変える仕組み

ポストイット、電子レンジ、シャンパン、ナイロン。これらは「偶然の発見」として有名なものばかりだが、発見に至るエピソードを知るとセレンディピティに必要な心持ちがおぼろげに見えてくる

応用してみよう!
セレンディピティの能力を「鍛える」方法として考えられるのは、いろんなことをやってみて、いろんな物事をよく観察することです。セレンディピティのエピソードには、たいていそういった極端なまでに好奇心旺盛な人の単純な観察寓話なのです。

● 参考文献
『Happy Accidents: Serendipity in Modern Medical Breakthroughs』 Morton A. Meyers Arcade Publishing 2007

040 逆さまの発想力
Affordance

● アフォーダンスってなんだ？

ビジネスの現場でも使われることのある「アフォーダンス」という心理学用語は、実はJ・J・ギブソンによる造語です。

ギブソンは、それまでの心理学の考え方をひっくり返しました。

それまでの心理学の考えによると、たとえば、人はまず円の筒のような形のものに取っ手が付いているのを目にして、「マグカップだ！」と認識し、次に「マグカップだからコーヒーを飲むのに役立つ！」という「価値」を認める流れでした。

つまり、価値とは、心が環境に対して「認めるもの」という考え方が主流でした。

ギブソンはこれをひっくり返し、**価値とは「心の外」に、つまり物理的環境そのものの中に既にあるもの**だと考えます。

取っ手の付いたマグカップは、コーヒーを飲みたいという人間の欲求を満たすための「価値を提供している（アフォードしている）」と主張したのです。

ギブソンのアフォーダンスという主張は斬新で、心理学の分野のみならず、デザインの世界などにも広がっています。環境がどのように価値を提供すれば、使用者は自分の欲求をより満たしやすくなるのかという視点が得られるからです。

◉──すぐやる人 ▶▶▶ すべてを逆に考えてみる！

● **ヒューマン・インターフェース**

　ドナルド・ノーマンはアフォーダンスという語の意味を拡大し、機械や道具などのデザインを変えれば、機械や道具の操作の仕方を「誘発」するようになって、より使いやすくもなるし、使いにくくもなり得ることを指摘しました。この考え方は特にヒューマン・インターフェースの分野で応用されています。

図40　アフォーダンス
人の行為を誘発させる仕組み

デザインが引っ張るという行為をアフォードしている。よいプロダクトはユーザーの「したい」を損なわず、デザインとしても優れている。

 応用してみよう！
ブログやホームページを持っていたら、多くのユーザーがどこをクリックし、どう訪問してどのように離脱したか、分析してみましょう。分析するツールはインターネット上に多数あります。テキストの配置を換えたり、ボタンを置くとどのように変化するかもチェックしてみましょう。

 **J・J・ギブソン**
ジェームズ・ジェローム・ギブソンはアメリカの心理学者（1904-79）。専門は知覚研究の心理学。行為者としての知覚者という、当時としては独自の知覚理論を打ち立てている。妻のエレノア・ギブソンも著名な心理学者である。

第5章

頭も心もよくなる脳科学

心理学では、心を階層別に分析したり、コンピュータにたとえたり、行動から類推してみたり、さまざまなたとえ話と実験を用いてアプローチしてきました。しかし 21 世紀になって、心とは脳のことであるという考え方が急激に進歩してきています。脳の性質を調べ、意識的に「使い方」を方向付けることで、もっと心の力を引き出せるという発想がどんどん現実味を帯びています。

041 毎日がつらいビジネスパーソンのためのストレス対処法
Mindfulness

● マインドフルネスってなんだ？

「マインドフルネス」とは、自分の内的状態及び周囲の状態に最大限覚醒している状態のことを指します。カテゴリーなどに依存した自動的なものの見方を退け、新奇性を受け入れることができる心的状態ともいわれます。

　幼児などを別とすると、人間は認知力を節約するために、カテゴリー化、自動思考などを用います。見慣れた自分の書斎などに座っていると、昨日と今日と何も変わらない光景が広がっているように映ります。しかし、よく考えてみれば、過去とまったく変わらないものは、何一つないはずです。

　環境の新しさや、「今、ここ」の新鮮さというのは、人間以外の普通の生命体にとってはむしろ当たり前の現実であるはずですが、人間は過去のカテゴライズを通して世界に対する習慣がついてしまっているため、ややもすると、変化にまったく気づかなくなり、自動的な思考や自動的な行動に流されやすくなるのです。

● マインドフルネス・ストレス低減法

　ジョン・カバットジンはマインドフルネスの概念を活用し、マインドフルネス・ストレス低減法を広めるべく活動しています。たとえば、通常医療で苦痛をうまく治療してもらえない患者さんは「自分が抱える痛みに一生苦しむことになる」といった思考が自動的に展開しやすくなります。カバットジンはそのような思考が単なる考えに過ぎず、**「苦痛が一生続く」という事実**

◉──すぐやる人 ▶▶▶ 深呼吸してみる！

はないと気づくだけでも、痛みによる苦しみが低減するといいます。そしてこれは人生のあらゆる苦悩に応用できるのです。

図41　マインドフルネス
瞑想の呼吸法でストレスを低減する仕組み

❶ 椅子などに座ってリラックスする体勢をとってください。このとき、目は半眼にしましょう。

❷ 深く息を吐いてから、息を吸ってみましょう。
これを5回ほど繰り返します。

❸ できるかぎり体を緩めて、静かな気持ちになるようにしてみましょう。

❹ 呼吸法をしてもイライラする場合は、中断してください。

深呼吸をするという単純な行為ですが、これだけでもストレス軽減には効果大です。

 応用してみよう！
何かしら頭から離れない悩み事などがあったら、それを書き出してみましょう。そして同じような堂々めぐりに陥ったらその紙を読み返してみて、いかに自分の思考が「過去の焼き直し」に過ぎないかに気づき、思考をコントロールできる可能性について検討してみましょう。

 ジョン・カバットジン
1944年アメリカ、ニューヨークに生まれる。1971年にマサチューセッツ工科大学で分子生物学博士号取得。マサチューセッツ大学メディカル・センターのストレス・クリニックの創設者であり「ストレス対処及びリラクセーション・プログラム」の指導にあたった。

042 仕事で凹んだときの対処法
Rational Emotive Behavior Therapy

● 論理療法ってなんだ？

「論理療法（合理情動療法）」とは、アルバート・エリスらによって開発された心理療法で、アメリカで主要な精神療法の1つである「認知行動療法」に大きな影響を与えています。

論理療法の特徴は、ABCスキームという図式に集約されます。

Aとは出来事（Activating Event）　事件、事故などの類です。
Bとは信念（Belief）　ほとんどは「思い込み」です。
Cとは帰結（Consequence）　この場合はBによって導かれる結論と言ってもいいでしょう。

● 信念に異議を差し挟む

論理療法のスキームはシンプルなもので、事態が深刻でなければ自分自身でも応用可能です。

私たちは不幸な出来事に対して、ときにかなり非合理的に考えることがあります。それは他人にしてみればまったく合理的でないとすぐわかるのですが、面白いことに当人にはそうは思えないのです。

失恋などがよく持ち出される好例ですが「あの人と別れるくらいなら、死んだ方がマシだ」といったり考えたりする人がいます。ここに、エリスが「間違った信念」と既定したものが見られます。この「間違った信念」を「合理的な

◉──すぐやる人　▶▶▶　**信念は変えられる！**

解釈」に置き換えることで、過度に不幸な感情から解放されるという流れです。

　いうほど簡単でないにせよ、極端な感情を引き起こしている誤った信念は、理性で修正することが可能だとエリスはいいます。

「人も出来事も私たちをダメにするわけではない。むしろ、自分がダメだと信じ込むことが、自分をダメにしてしまう」とのエリスの言葉がABCスキームをよく表しています。

図42　論理療法
信じ込んでしまっている状態を脱出する仕組み

A（Activating Event）
仕事のミスで
クライアントが怒っている！

B 信念（Belief）
ミスは取り戻せない。
逃げるしかない。

「思い込み」が多い

C 帰結（Consequence）
会社を病欠して連絡が
取れない。
周囲は大迷惑。

論理療法では、Bのような信念をもっと合理的な視点に移し替えることによりCの結論を異なるものに変更するように促す。

応用してみよう！
上司からひどく面白くないことを言われたときなど、当然心情的に傷つくわけですが、その感情を生み出している信念を突き止めてみましょう。その信念を置き換えることで感情を鎮められたら、論理で感情をコントロールできたという大きな自信になります。

アルバート・エリス
アメリカの心理療法家。ピッツバーグ生まれ。コロンビア大学で臨床心理学の学位を得る。論理療法の創始者として有名。ABCスキームという独自の理論をもとに、論理療法を発展させ、後の認知行動療法にも大きく貢献した。

043 もっと頭の中を整理しよう
Cognitive Map

● 認知地図ってなんだ？

エドワード・トールマンは、ネズミを迷路に入れて学習させると、迷路の中身を少々変化させても、ネズミはすばやく目的地に到達できることを示しました。つまり**ネズミは、迷路内の空間関係を「頭に入れた」とも考えられ、単なる反復で刺激と反応の仕方だけを学習したのではない**というわけです。

もちろん、ネズミの脳内に物理的地図とそっくりなものが構築されたというわけではないでしょうが、何かしら学習した空間で移動するのに役立つ情報を得たことは間違いないでしょう。

● 人間はもっと複雑な認知地図を持っている

トールマンは、人間もこれと同じように認知地図を用いて、空間移動から複雑な問題解決まで行っているものと推測しました。このような「心の中の地図」は、決して詳細な曲がり角とか、交差点の数だとかが大事なのではなく、目的地にたどり着くための空間把握なのです。

その地図は個人差もあるとはいえ、いうまでもなく正確なものではありません。空間関係の歪みの他、明らかに記憶違いだったり、最新情報が得られていないために、ちょっと目的地が違うだけで道に迷うこともあるわけです。

しかし、道が変化したから目的地にたどり着けないということはありません。これは空間把握だけではなく、自動車の運転やコンピューターの操作な

◉──すぐやる人 ▶▶▶ **空間関係を研ぎすます！**

ど、さまざまな「認知地図」についても同様の問題解決を行っているようです。

図43　認知地図
一度行った土地などが認知される仕組み

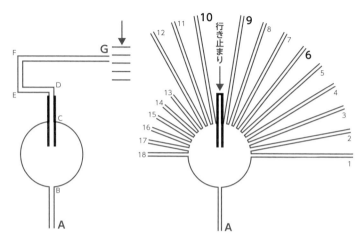

左図のような迷路でネズミをAからGへと至るように訓練した後、右図のような迷路に移すと、最初ネズミは、円形の広場を抜けて直進するが、直進した先は行き止まりになっている。次にネズミはどうするか？　従来の単純な行動主義によれば、ネズミは9か10の通路を選択するはずだが、実際には6を選択する。これをトールマンは空間関係を把握している証拠とみなした

応用してみよう！
普段通い慣れた場所であっても、道順を人に説明するとなるとあやふやになったりするように、私たちが経験的に得ている「認知地図」は有用ではありますが正確ではありません。よく使う「認知地図」を正確なものにブラッシュアップすれば、ネズミがすばやく迷路を脱出できるように、仕事をすばやく終わらせる効果が期待できます。

エドワード・トールマン
アメリカの心理学者。ハーバード大学において心理学の学位を取得。当初はJ.B.ワトソンに共鳴し、行動主義心理学者として出発したが、ドイツでゲシュタルト心理学を学んだことなどから、後に目的的行動主義という独自の立場を確立し「認知地図」の概念を明らかにした。

044 作業に集中するためには 記憶領域をあまり使わないこと
Working Memory

● ワーキング・メモリーってなんだ？

アラン・バッデリィは、記憶を単なる保持スペースとしてとらえる「短期記憶」と「長期記憶」の概念では不十分と考え、作動記憶（ワーキング・メモリー）という概念を提唱しています。

たとえば、代表的な表計算ソフトである、マイクロソフト社のエクセルを使って、ごく一般的な請求書を発行しているとしましょう。参照するべき何らかの資料を見ながら、項目に入力することがあります。そこで利用することになるのが「ワーキング・メモリー」です。

エクセルの該当項目に、間違わずにデータを入力するためには、ほんの一時的にせよ、情報を記憶する必要があります。この場合、作業者は記憶を保持するだけではなく、保持した記憶を作業で利用する必要があります。したがって、可能であればより短い時間に、大量の情報を正確に記憶しきるほど、作業の遂行は短時間で楽に終えられるわけです。

● 視空間スケッチパッドと音声ループ

エクセルを使い慣れていない人だと、エクセルの操作という「作業」に気を取られます。そうすると、宛先や金額などの記憶を正確に保持できなくなるという事態が発生します。

なぜそういうことが起こるのか？　バッデリィは**ワーキング・メモリーの下位に**「中央制御部」「視空間スケッチパッド」「音声ループ」というシステ

◉──すぐやる人 ▶▶▶ 技能を磨け！

ムを仮定しました。

　真ん中の「中央制御部」でエクセルの操作を行っているとします。宛先や金額を文字情報として目でとらえ、ソフトに入力しておくまで保持しておくためのスペースが、「視空間スケッチパッド」です。人によっては、宛先住所を心の中で音読し、入力し終えるまで記憶が消失しないように繰り返すかもしれません。その場合には「音声ループ」が使われると考えられます。

　この中央制御部、視空間スケッチパッド、音声ループは相互に影響を及ぼし合っているとされます。つまり、エクセルの操作に没頭しすぎると、情報を正確に覚えておけなくなるし、逆に一度にたくさんの情報を覚えておこうとすると、操作への注意がおろそかになりやすいということです。

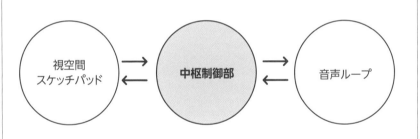

図44　ワーキング・メモリー
記憶領域を効率的に使う仕組み

応用してみよう！
エクセルであれ何であれ、作業をしている最中には「記憶する」ために頭を使わないことが大事であるということが分かります。逆に、技能について熟達していれば、多くのことを記憶したまま作業ができるわけです。

アラン・バッデリィ
イギリスの実験心理学者。ヨークシャーのリーズ出身。1956年にアメリカへ渡り、プリンストン大学で修士号を取得する。帰国して1963年にケンブリッジ大学で博士号を取得。イギリスを代表する記憶研究者の1人。

045 スキーマがあるから よどみなく行動できる
Schema, Script

● スキーマってなんだ？

「スキーマ」とは**外界からの情報の意味を理解するための枠組み**です。

一例として手帳を挙げてみましょう。最近は非常に奇抜な「手帳」もあります。最初に見ただけではそれをどう使っていいかわかりませんし、そもそも手帳であるといわれなければ、理解できないかもしれません。

しかし「手帳」であるといわれていることで少なくともそれは「ペンで紙に記録をする」ものだろうと見当がつくし、時間や行動を管理したり忘れたくないことを記録しておくためのものだともわかるでしょう。「手帳である」という定義から自動的に発生する制約が、私たちの理解を助けるわけです。

● スキーマとスクリプト

スキーマはもちろん「手帳」などのモノについてだけ存在するわけではなく、状態や行為や文章などについてのスキーマも存在すると考えられます。

スキーマの中でも特に「一連の行動」に関する知識の表現形式を「スクリプト」と呼びます。スクリプトはシャンクとエイベルソンによって提唱された概念です。

たとえば「レストランを利用する」というのが有名なスクリプトの一例で、「昼、レストランに入った男は満足して出てきた」という文章を読んだ人はそこに書かれてなくても「男は食事をしたか？」という質問に答えることができるでしょう。これは「レストランを利用する」というスクリプトの

◉──すぐやる人 ▶▶▶ **スクリプトを書いてみる！**

中には、「席を案内される」「メニューを選ぶ」「注文する」「食事をする」「会計を済ませる」などの一連の行動が繰り広げられるものと考えられるからです。

　新入社員が新しい仕事場で困惑するのは、職場で共有されているスクリプトがまだ頭に入っていないからで、これは能力というよりも経験と記憶の問題なのです。

図45　スキーマ、スクリプト
スクリプトを書いて「一連の行動」をあぶり出す仕組み

スクリプトの例

1. ジョーは飲食店に入った。……　予約する？　誰かと一緒に食事をする？　打合せをする？

2. 鮨を注文した。……　マグロ？　ウニ？　コース料理？　高級な店？　銀座？

3. ジョーは真っ赤な顔で店を出た。……　日本酒を飲んだ？　ワイン？　酔っぱらった？　二次会も行った？

スクリプトによって、起こりうる行動が見えてくる

応用してみよう！
つい先送りしてしまったり、なかなか実行が難しいと感じる仕事があったら、その仕事をよどみなくこなすためのスクリプトを書いてみましょう。これは仕事をこなすためのレシピとなります。

ロジャー・シャンク
アメリカの人工知能学者。テキサス大学で言語学の博士号を取得。概念依存理論、スクリプト理論、MOP理論などを提唱し、自然言語理解、知識獲得の研究を通し心理学に大きな影響を与えてきた。教育ソフトウェアの研究を行うなど、学校教育の研究も行っている。

第5章　頭も心もよくなる脳科学

046 | 質を高めるには シングルタスク！
Multi Tasking

● マルチタスクってなんだ？

時間がないと感じると人は、ほとんど必ずといっていいくらい、容易な仕事と難しい仕事を並行してこなそうとします。

これをマルチタスクといいます。

それによって時間の節約になることもあるでしょうが、心理学者の多くは、時間は大して節約にならないが、自分がすごく効率的に動けているという感覚を得ることができる、と指摘しています。

メールをチェックしながら、明日に迫ったプレゼンの準備をする、といったことには何も問題はなさそうですが、課題の同時遂行には制約があります。

それに、「メールを読む」のと「プレゼンの準備」を同時にやっているつもりでも、厳密には同時遂行ではなく、複数課題の間で断続的に行動を切り替えています。課題間の切り替えという認知制御を行うために、脳は一定の緊張を強いられているのです。

● 時間の節約になっても質は担保されない

2つの仕事を同時に行っただけでも、1つの仕事を単独で行う場合に比べて、それぞれの仕事のパフォーマンスは下がることが多いのです。これは「同時性損失」と呼ばれています。

心理実験によって示されていることですが、経験的にもわりと容易に納得できることです。たとえば同乗者がどれほど運転が上手でも、スマートフォ

◉──すぐやる人　🏃 ▸ ▸ ▸　**むしろシングルタスクで！**

ンの操作をしながら運転していたら、注意をするかやめさせようとするでしょう。運転もスマートフォンからメールをチェックするのも、慣れた人には別に難しい作業ではありませんが、運転が疎かになるのは困ります。

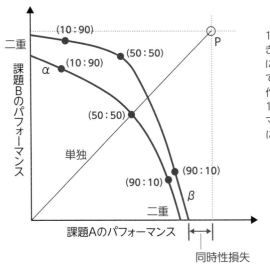

図46　マルチタスク
心理学的には「シングルタスク」の仕組み

1つの作業だけなら発揮できる最高のパフォーマンスには2つの作業の並行作業では及ばない。
作業α:βへの注力率が10:90でもβへのパフォーマンスは単独作業のレベルに及ばない。

出所:『認知心理学ハンドブック』日本認知心理学会　有斐閣より作成

応用してみよう！
高い完成度を要求される仕事があったら、会議室にこもるなどの方法を用いて、割り込まれたり脱線したりしないようにしましょう。集中は時間の節約よりも、質を高めるのに必要です。

●参考文献
『Applied Attention Theory』Christopher D. Wickens, Jason S. McCarley CRC Press 2007

047 脳をうまくだます
Placebo

● プラシーボってなんだ？

　読者であるあなた、あるいはお子さんが風邪にかかったとき、お医者さんに行って抗生物質をもらって帰ってきた人は多いでしょう。1日3回、朝昼晩。きちんと指示されたとおりに飲んで、3日と経たず治ったとします。当然私たちはそれを「お薬のおかげ」と考えますが、それはそう単純な話ではありません。

　たとえば、2003年にアメリカで行われた研究によると、抗生物質を処方された患者の35％のケースにおいて、実際にはその抗生物質は何の効果も持っていなかったと考えられています。

　それにも関わらず、患者さんは抗生物質を処方してもらったからこそ、病気が治った可能性は否定できないのです。**抗生物質の効かない風邪を、抗生物質で治す。これを「プラシーボ（偽薬）効果」**といいます。

● 価格を下げると効果も下がる

　行動経済学者のダン・アリエリーは、プラシーボ効果が痛み止めにも非常に効果を発揮するとしています。彼の研究の中でも興味深いのは、価格が高いほど、プラシーボ効果も高くなるというものでした。

　1錠あたり約250円の鎮痛剤を飲むと、実験的に与えられた痛みを「何でもない」と感じるようになるのに、同じ薬を約10円といって手渡すと、「痛み止めの効果が感じられない」といい出す人が倍増するのです。

◉——すぐやる人 ▶▶▶ 高めの栄養ドリンクを！

このような事例は、心理学的に多数追試されています。高級感、信頼感、ブランドといった心理的効果がありそうなものはすべて、プラシーボに深く関わります。先に挙げた「抗生物質」についても、まったく同じ薬でも、医師から直接手渡された方が風邪の治りがよくなるという報告もあります。

図47　プラシーボ
いい意味で自分をだます仕組み

25,000円　　　1,000円

効能がまったく同じでも、高価な方が効き目が高くなる！

応用してみよう！
栄養ドリンクは、高めのものを買いましょう。この話を読んでしまっては、そういう効果も台無しと思われるかもしれませんが、知っていてもプラシーボは効果があります。また、栄養ドリンクに意味がないと思う人もいるでしょうが、栄養ドリンクの効果自体がプラシーボによるところが大きいのです。

ダン・アリエリー
行動経済学者。テルアビブ大学で心理学を学んだ後、ノースカロライナ大学チャペルヒル校で認知心理学の博士号を、デューク大学で経営学の博士号を取得。その後、MITのスローン経営大学院とメディアラボの教授を兼務した。2008年度にイグノーベル賞を受賞。

048 昼寝も技術
Rapid Eye Movement Sleep

● **レム睡眠ってなんだ？**

「レム睡眠」とは夢を見る睡眠のことです。

よく「夢を見る睡眠は眠りが浅く、夢を見ないくらい深く寝た方が、疲れがとれてスッキリする」といわれることもありますが、ことはそう単純ではありません。

確かに夢を見る睡眠、レム睡眠は「浅い眠り」とされています。しかし、夢を見なければ休まらない脳内物質もあるので、夢を見ることで休む、という側面もあるのです。

● **夢が記憶に役立つ？**

トレーニングをしたり、たくさん勉強をしたりすると、その夢を見ることがあります。マウスを迷路に入れて何度も訓練すると、マウスもそんな夢を見るという研究から、夢が記憶に役立つと主張している学者もいます。しかし、この意見には反論もあって、現在はまだ議論の最中というべき状況です。

ただ、人が夢を見始めたら、そのつど起こすという実験があり、それを繰り返していると、十分に睡眠をとった人でも、寝るとすぐに夢を見始めます。つまり夢というのは、少なくとも人間にとっては必須のようです。

夢に限らず、睡眠は脳にとって非常に重要です。 ビジネスの世界ではどうしても「短眠法」が流行る傾向にありますが、睡眠不足は注意力不足、免疫機能低下を招き、認知症リスクを高めるという報告もあります。

◉──すぐやる人 ▶▶▶ 眠ることも仕事！

図48　レム睡眠
一定の睡眠時間は必要！の仕組み

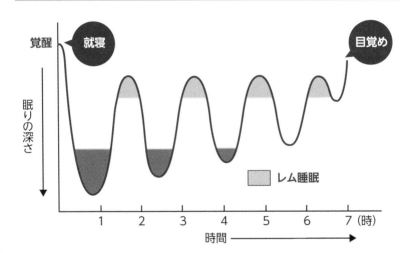

一般に夢見を伴うレム睡眠は浅い眠りとされている。
しかし、レム睡眠は脳に必要な睡眠と考えられる。

応用してみよう！
昼寝は現代のビジネスパーソンにとってビジネススキルといっていいほどです。15〜20分ほどの昼の浅い睡眠によって、精神的な覚醒感覚を取り戻すことができ、いわゆる「スッキリした」状態で仕事に入れます。昼寝が苦手な人も多く、無理をしてまですることではありませんが、ちょっとしたコツもあるので、苦手でも1週間から1カ月くらいは訓練してみましょう。

● **参考文献**
『The Neural Control of Sleep and Waking』Jerome Siegel　Springer　2002

049 約束を守るために
Prospective Memory

● 展望記憶ってなんだ？

　指定した日にハガキを忘れずに投稿するというのは、実行するタイミングになって、それ以前に指示された内容を思い出す必要があるという意味で、記憶の一種です。**実行タイミングが未来のことのため、このような記憶を「展望記憶」、または「未来記憶」といいます。**

　仕事はある意味で展望記憶を活用するシーンの連続です。展望記憶を忘却して、実行タイミングを逃すような失敗を「し忘れ」などと心理学でも呼びます。展望記憶の遂行については、モチベーションの高さ、実行内容の新鮮さ、時間知覚など、さまざまな要因に左右されることが研究されています。

● 動機づけが高いと

　ミーチャムとシンガーは指定した日に葉書を忘れずに投函するという課題を出された大学生の行動を研究しています。その結果、動機づけの高い学生は、低い学生よりリハーサルを多く行ったり、外部的・補助的記憶手段を利用して正確に実行しました。動機づけが高いからといって必ずしもよく記憶していたのではなく、自分が忘れかねないことを強く意識できていたのです。

　外部的な手段としては、たとえばカレンダー、リマインダーが考えられます。今ではスマートフォンなどで、きわめて複雑で高度なソフトも利用できます。

◉──すぐやる人　▶▶▶　補助ツールを！

図49　展望記憶
つい忘れがちな未来のことを記憶する仕組み

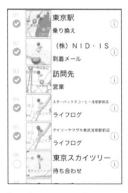

「ハガキを忘れずに投稿」などの用事は、時間でアラームを鳴らすより、場所で知らせてもらった方が確実に遂行できる。そのような機能のスマホアプリも登場している。

出所：株式会社 NID・IS「GPS-R」をもとに作成

 応用してみよう！
ビジネスにおいて、約束を守るということは大事です。展望記憶に関して、人は覚えておくのが苦手です。ですから、手帳やアラーム機能付きアプリケーションなど、展望記憶を補助するツールに頼ることが、こういう能力についてはむしろ大事になってきます。

● **参考文献**
『「あっ、忘れてた」はなぜ起こる』梅田聡　岩波書店　2007

050 仕事をする意味が わからなくなったとき
Theory of Needs-Hierarchy

● 欲求階層説ってなんだ？

　読者の皆さんはときどき、何のために毎日会社に行っているのか、わからなくなる、ということはありませんか？　そんなときに思い出してもらいたいのが、エイブラハム・マズローの「欲求階層説」です。

　マズローは**「人間は自己実現に向かってたえず成長していく生きものである」**ととらえ、人間の欲求を低次から高次の順序で分類し、それをピラミッド型にまとめました。

　そのピラミッド型の階層の第1層には生理的欲求があり、これが満たされると第2層の安全と安定を求める欲求が生じ、これも充足されると次の第3層へと進んでいくとマズローは考えました。

　マズローは、第1層から第4層までを欠乏欲求と名づけ、上位の欲求は、下位の欲求がたとえ部分的にせよ、ほぼ満たされてはじめて発生すると考えました。この理論については議論の余地ありともされました。芸術家などに衣食住もままならないのに創造性を追求するパターンも見られます。

　そして、欠乏欲求がすべて充足されると最高（第5）層にある高次欲求（存在欲求）、すなわち自己実現欲求が生じるというわけです。私たちの誰もが、その当人にだけフィットする個人的な理想像を持っていて、すべての人間はその目標達成のために力を尽くす必要があるとマズローは考えたのです。

　もちろん、この最高位の欲求を満たしきることのできる人はごく限られているのも確かです。自己実現の欲求は充足よりそういう志向性をもっている

◉──すぐやる人 ▶▶▶ より高い欲求を！

ことが大事なのです。

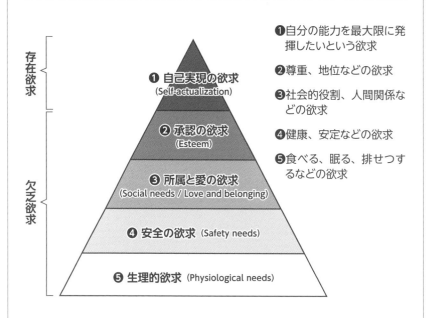

図50 欲求階層説
自己実現への仕組み

存在欲求
- ❶ 自己実現の欲求 (Self-actualization)

欠乏欲求
- ❷ 承認の欲求 (Esteem)
- ❸ 所属と愛の欲求 (Social needs / Love and belonging)
- ❹ 安全の欲求 (Safety needs)
- ❺ 生理的欲求 (Physiological needs)

❶自分の能力を最大限に発揮したいという欲求
❷尊重、地位などの欲求
❸社会的役割、人間関係などの欲求
❹健康、安定などの欲求
❺食べる、眠る、排せつするなどの欲求

応用してみよう!
ビジネスにおいてもまた「自分にだけフィットする個人的な目標」というものが考えられるはずです。会社や仕事における、現在の「欠乏」(不満など)を明らかにして、何を満たしたらより高次の目標が見えてくるかを見定めてみましょう。そして、最終的に実現するべきビジネス上の目標とは何かを明らかにすれば、仕事への新しい動機づけが得られるかもしれません。

エイブラハム・マズロー
アメリカの心理学者。1934年にウィスコンシン大学で学位を取得。コロンビア大学、ブルックリン大学助教授、ブランダイス大学教授を歴任。62〜63年アメリカ心理学会会長。

051 もっと仕事をスピーディにこなしたい
Automaticity

● 自動性ってなんだ？

「自動性」の例としては、よくタッチタイピングが挙げられます。

コンピュータのキーボードによるタイピングを行うとき、まったく慣れていない人だと、1文字ずつキーを見たり、キーの配置に注意を払いながらタイプしなければなりません。この場合、速度はもちろん遅いですが、何より注意をキーボードに払わなければならないため、同時に文章を考えたりすることはできなくなります。

これが慣れた人になると、キーボードを見たり注意したりする必要がなくなるため「注意資源」を文章内容や思考に回すことができます。タイピングは「自動的」に処理することができるわけです。

● マルチタスクではない、シングルタスクの中の自動性

本書でも既に述べたように「マルチタスク」は心理学では否定的に考えられていることが多いといえます。そもそも人間は「マルチ」でタスクをこなしていないのだという意見が優勢です。

しかし、タッチタイプに習熟した人のように「文案を練りながらタイピングする」ということはできます。この場合、やっていることはもはや「マルチタスク」ではなく、「文章を書く」というシングルタスクとみなすことができます。

幼児の場合では「文字を書く」というタスクと「手紙を書く」というタス

◉──すぐやる人 ▶▶▶ 自動処理能力を！

クは2つになってしまいますが、大人なら「手紙を書く」というタスクは1つです。なぜなら「文字を書く」のは大人にとっては「自動処理」されているためもはや「独立した1つのタスク」ではないからです。

図51　自動性
仕事を迅速に処理するための仕組み

自動性の概念（Automaticity）

入力と出力を繰り返している間に記憶が貯蔵され、次第に自動的に検索されるようになる。

ルーティンワークなどは、一連の操作の中で記憶から迅速に検索されるようになり、効率的に実行される。

右手で手書きしつつ左手でタッチタイプするという作業はたいていの人はできないか、できても苦痛を伴うし時間もかかる。こうした作業を要求される職場では、集中的に訓練を行うと、ある日から脳が自動的に処理するようになる。

応用してみよう！
仕事でよく使うツールなどについて、自動的に処理できることが多くなれば、当然仕事は速くなります。文章を書く人にとってのタイピングや、タクシードライバーにとっての運転がそうです。仕事で使うアプリケーションのショートカットキーなども無意識に実行できるようになっておくと、仕事の速度が速くなりますし、ストレスレベルも下がるでしょう。

●**参考文献**
『ファスト&スロー』ダニエル・カーネマン　村井章子訳　早川書房　2012

052 お願いするなら「〜ので」をつける
Automaticity

● オートマティシティってなんだ?

コピー機の前に列ができているとき、頼み方次第で応諾率が変わりました。
「すみません。急いでいる**ので**5枚だけ、先にコピーしてもいいですか?」
　→このときの応諾率は94%
「すみません。5枚だけ、先にコピーしてもいいですか?」
　→このときの応諾率は60%

つまり、ちゃんと理由を言った方が、人は頼み事を受け入れやすいわけです。これは当然といえば当然ですが「ので」をつければ理由が理由になっていなくても、この効果が成立します。

「すみません。コピーしなければならない**ので**、5枚だけ、先にコピーしてもいいですか?」
　→このときの応諾率は93%

よく考えれば「コピーしなければならない」のは並んでいる人全員同じなので、**これは理由をいっていないのと同じことなのですが、本当の理由をいった場合と結果がほぼ同じになっています。**

● ただし、大きな頼み事では事情が変わる

コピー5枚程度だと、応諾する人は深く考えずに応答しているわけです。これがコピー20枚となるとちょっと違ってきます。
「すみません。急いでいる**ので**20枚だけ、先にコピーしてもいいですか?」

◉――すぐやる人　▶▶▶　「〜ので」と使ってみよう!

→このときの応諾率は42％
「すみません。20枚だけ、先にコピーしてもいいですか？」
　→このときの応諾率は24％
「すみません。コピーしなければならない**ので**、20枚だけ、先にコピーしてもいいですか？」
　→このときの応諾率は24％
　大きな頼み事を聞き入れるとなると、人はちょっと考えるということです。

図52　オートマティシティ
頼みごとは「〜ので」と理由をつける仕組み

	コピー 20枚	コピー 5枚
本当の理由	42％がOK	94％がOK
理由になってない理由	24％がOK	93％がOK
理由なし	24％がOK	60％がOK

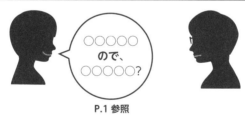

P.1 参照

 応用してみよう！
ちょっとした頼み事には理由はともかくとして「ので」をつけましょう。大きな頼み事をするときには、ちゃんとした理由をいうべきです。

● **参考文献**
The mindlessness of ostensibly thoughtful action: The role of "placebic" information in interpersonal interaction. By Langer, Ellen J.;Blank, Arthur;Chanowitz, Benzion Journal of Personality and Social Psychology, Vol 36(6), Jun 1978, 635-642. (PDF)

053 もっと新しい刺激に触れて脳と心を活性化する
Neophilia

● ネオフィリアってなんだ?

　生物学者のライアル・ワトソンが『ネオフィリア』という同名の書籍で示そうとした概念は、人間が「新しいモノマニア」だということでした。
　人間は確かに、新しいものが大好きです。
「新しい」といわれれば何でもそれを「よいもの」とみなしてしまう傾向があります。新製品、新企画、新情報、新年、新機軸。およそ新しいという名前に込められている意味が「悪い」ということはないのです。
　ワトソンは、これは決して動物一般に当てはまることではないといいます。それどころか、どちらかといえば動物はネオフォビック（新しいものを恐れる）な傾向があるといいます。**人間は、新しい経験が常によいとは限らないことを知っているのに、その魅力を感じてしまうのだとも述べています。**

● 線条体に秘密がある?

　そんな人間ならではの「新しさに魅せられる」性質について、認知神経学的に検討したのがグレゴリー・バーンズでした。バーンズの実験によると、新しい、もしくは思いがけない体験をすると、脳の線条体（せんじょうたい）というところが活性化するようです。そのおかげで私たちは「新しい体験」をほとんど無意識のうちに求めてしまうということのようなのです。
　バーンズは、実験についての概略をまとめた本の中で、次のように書いています。

◉——すぐやる人 ▶▶▶ 新しさの追求!

「線条体は予測できる報酬よりも予測できない報酬に対して、より強く反応することを私たちは発見した」

私たちすべての脳には、そのような性質を持った部位がある。それが大事な点なのです。

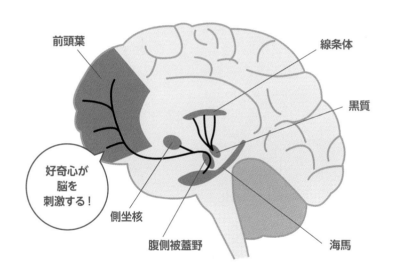

図53　ネオフィリア
「新しさ」を追求することで脳が活性化する仕組み

前頭葉
線条体
黒質
好奇心が脳を刺激する！
側坐核
腹側被蓋野
海馬

 応用してみよう！
そんなに新しさを求める脳を持ちながら、私たちはどうしても受動的に新しさを求める傾向があります。もっと積極的に行動していった方が脳の、それも深部の活性化につながりそうです。

●**参考文献**
『Satisfaction：The Science of Finding True Fulfillment』Gregory Berns　Henry Holt and Co.　2005

第5章　頭も心もよくなる脳科学

第6章

交渉する前に知っておきたい経営心理学

対人交渉は、まさに心のやりとりです。どんなふうにすれば相手から「イエス」を引き出せるのか。知らないではすまされない職種の人も多くいるでしょう。人の心をマンガのように読むことはできなくても、ノーをいいにくい関係性に気づいたり、イエスをいいやすい条件を整えることはできます。そのための方法論も、心理学では盛んに研究され、実験されてきました。

054 売上を伸ばすために価格を上げる
The Psychology of Price

● 価格の力ってなんだ？

　ある宝石商が、店頭に置いておいてもまったく売れないターコイズを思い切って半値で売りさばこうとして、店員にその指示を出しました。
　その後宝石商は、その売れなかったターコイズが完売したことを知りました。当然、半値にしたのだから完売したのものだと考えました。
　しかし実際には、店員は半値にするべき指示を読み違えて、倍額にしたのでした。**値上げ前にまったく売れなかったターコイズが、なぜ倍額にしたとたん飛ぶように売れた**のでしょうか？
　経済心理学者が口をそろえていいますが、価格というのは単なるものの値段ではありません。価格は「メッセージ」なのです。
　私たちは「安物買いの銭失い」ということわざを知っています。価格が安いということは「売れないモノ」「質の悪いモノ」というメッセージを伝えているのです。
　ターコイズのような宝石は贅沢品です。実用上意味のない石にお金を払うのですから「みんなが欲しがらないつまらない石ころ」には、たとえ安くても誰もお金を払いたいと思いません。
　しかし「高額な石」であることを明確にすることで、その石は「お金を払うだけの価値のある高級な宝石」というメッセージに変わったことになります。倍額にしたとたんターコイズは「つまらない石ころ」から「価値のある宝石」になったわけです。

●──すぐやる人　▶▶▶　安売りしない！

図54　価格の力
高価な商品が心理的影響を及ぼす仕組み

	値づけ失敗　×	値づけ成功　◎
同じ宝石	 💍	 💍
価格	1,000 円	100,000 円
伝わるメッセージ	おもちゃ。まがいもの 価値なし	本物。希少価値 誰もが欲しがる

ブランド、マーケティングに大きく関わっている。モノを大量に売りさばくことは大変なので、「価値あるモノを高い価格で売る」方がマーケティング的である。

応用してみよう！
どんなモノでも、売上を伸ばしたいと思ったら、価格はメッセージであるということを意識して値づけするようにしましょう。

● **参考文献**
Influence: The Psychology of Persuasion, Revised Edition: Robert B. Cialdini

055 売り込みたい相手には恩恵を与える
Reciprocation

● 返報性ってなんだ？

　人間は、**他人から好意や便宜を受けると、それと同程度のものを相手に返すべきだという規範**を持っています。これは国境や宗教を越え、幅広く見られる人類共通の原則のようです。「返報性の原理」などと呼びます。

　返報性を実験したのは、コーネル大学のデニス・リーガン教授です。リーガンは、被験者に2人1組になって「芸術鑑賞」をしてもらいました。「芸術鑑賞」は本筋ではなく、被験者とペアのもう1人の鑑賞する仲間は、実はサクラで、教授の助手です。

　その助手が休憩時間になると、被験者から頼まれもしないのに、コーラを2本買ってきて、1本を分け与えました。この時点で、被験者は助手から一方的に恩恵を被っています。

　比較対象のため、半分の人たちは休憩時間になっても助手から何ももらえません。

　「芸術鑑賞」が終わると、助手は被験者にお願いをします。

　「自分は宝くじを売っているんだが、一番多く売ることができるとボーナスがもらえるので、1枚でもいいからくじを買ってもらえないか」と持ちかけるのです。

　くじを買った人の比率は、コーラをもらった群とそうでない群とで、ほぼ2倍の差が出ました。コーラをもらった人たちは、助手に「恩を被った」と感じたので、急いでそれを返したかったのです。

◉──すぐやる人　▶▶▶　**まずは相手に与える！**

● **自分の望みかどうかは関係ない**

被験者たちは、コーラを頼んだわけでも、飲みたかったわけでも、好きだったわけでもありませんでした。一方的に押しつけられた恩恵であっても、それを返報しないと居心地が悪いのです。人とはそうした生き物なのです。

図55　返報性
相手に与えると恩恵が返ってくる仕組み

応用してみよう！
返報性の心理は営業、取引、交渉などでいろいろと応用できるでしょう。ビジネスでは相手から何かを引き出す必要のあるシーンが山のようにあります。そういうことになり得る相手には、日頃から可能なレベルで便宜をはかっておくことが大事だと、この心理実験は雄弁に語っています。

● **参考文献**
Effects of a favor and liking on compliance
http://www.sciencedirect.com/science/article/pii/0022103171900254

056 外見に気をつけよう
Physical Attractiveness Stereotype

● 外見的魅力ってなんだ？

　美男美女は、私たちが想像する以上に得をしています。筆者はこれを、アメリカの社会心理学の実験ビデオで見る機会があり、衝撃を受けました。
　ビデオでは、ごく簡単な3つの事例が挙げられていました。
　1つ目は、ガス欠で困っていた女性が、美人かどうかで助けてくれる人の率が変わるかというもの。「美人」の実験では、何人もの男性が、すぐに近づいてきて快くガソリンを移し替えてくれたりします。「ごくふつう」の女性の場合には、30分経ってようやく1人が助けてくれる程度です。
　2つ目の事例は、もう少しショッキングでした。「ハンサム」かどうかで就職のしやすさが変わるかというもの。これも明瞭に違います。履歴書の中身がほぼ同じで、言うことも志望動機もほぼ同じレベルのハンサムと「平凡な男性」が同じ会社に就職を希望した場合、ハンサムの方だけが内定をもらえました。面白いことに、面接した会社（こちらは実験のことを知りません）の人間は「顔で選んだ」ことにまったく自覚がありません。
　3つ目はさらにショッキングです。「ハンサム」と「凡庸な外見」とでは、裁判にかけられたときに有罪になる可能性が変わります。裁判の方法が日本とアメリカではかなり違うため、これは参考程度にしかならないでしょうが、やや大がかりなビデオの実験では、ほぼ同じ内容の容疑と物証において、ハンサムな方は無罪になり、凡庸な方は有罪と判断されました。このケースでも陪審員たちはまったく自覚なく判断していました。

◉──すぐやる人 ▶▶▶ 見た目が結果を生む！

● **外見的魅力は他の性質を魅力的に見せる**

これは、私たちが一般に「他人を外見で判断してはいけない」という文化的規範を受け入れている一方で、実際には**「他人を外見で判断している」**からです。そうした実験結果は社会心理学を中心に、相当数にのぼっています。

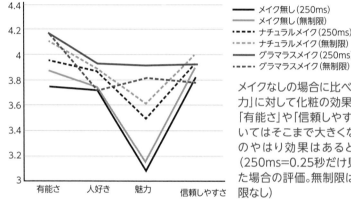

図56 外見的魅力
人は見た目が9割の仕組み

メイクなしの場合に比べれば「魅力」に対して化粧の効果がある。「有能さ」や「信頼しやすさ」についてはそこまで大きくないもののやはり効果はあるといえる(250ms=0.25秒だけ見せられた場合の評価。無制限は時間制限なし)。

出所：Etcoff NL, Stock S, Haley LE, Vickery SA, House DM (2011) Cosmetics as a Feature of the Extended Human Phenotype: Modulation of the Perception of Biologically Important Facial Signals. PLoS ONE 6(10): e25656. doi:10.1371/journal.pone.0025656

応用してみよう！
社会心理学の実験が教えるところを応用するならば、部屋の中に等身大の鏡を置くことは大切です。そして、なるべく外見に気を配り、自分のファッションに自信を持つことです。どんな交渉をするにせよ、外見的に少しでも魅力がある方が、そして少しでもそう信じている方が成功率は高くなります。

● **参考文献**
Belief in a just world and physical attractiveness stereotyping.
Dion, Kenneth L.; Dion, Karen K.
Journal of Personality and Social Psychology, Vol 52(4), Apr 1987, 775-780.
http://dx.doi.org/10.1037/0022-3514.52.4.775

057 まず約束を取りつける
Cognitive Consistency Theory

● 認知的斉合性ってなんだ？

　私たちは、他人から「一貫性のある人だ」と思われたい。

　いうこととやることがコロコロ変わるようでは他人から信用されなくなりますし、言行が一致していた方が、社会生活はシンプルになるからです。つまり世間では、**一貫していることを期待され、他人にも一貫性を期待している**からです。

● 「投票行きますか？」に「はい」と答えると投票に行く

　ワシントン大学のアンソニー・グリーンワルドのチームが、「斉合性」について次のような実験をしています。

　事前に「選挙の日には投票に行くか？」と電話をかけて質問しておきます。このように聞かれた直後に選挙に行くわけではないし、「選挙に行くか？」と聞かれれば、「行かなければならない」と思っているので「行く」と答える人が多くなります。行く日はどうせ日曜日ですから、その日ならきっと行くだろう、と答える人も思うのでしょう。

　このようにいったん「選挙に行く」と答えてしまうと、選挙に行かなければ自分の中で「斉合性」がとれなくなります。というわけで、電話で「選挙に行くか？」と尋ねて回るだけで、大統領選への投票者数を大きく増やすことができたということです。

◉──すぐやる人　▶▶▶　YESと言ってもらう！

図57 認知的斉合性
一貫性を利用した仕組み

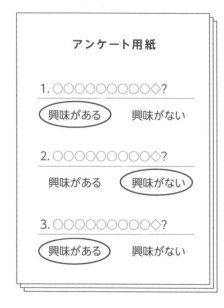

販売ではよく「アンケート」で顧客の求めているものを調査するという。実際には「興味がある」に○をつけさせて、心理的に約定させやすくする狙いもある。

応用してみよう！
投票率を上げる、寄付金を集めるといった不可能ではないが交渉しにくい課題を抱えているときには、直ちに実行しなくていいタイミングで、まず約束を取りつけるようにしましょう。

● 参考文献
『Cognitive Consistency: A Fundamental Principle in Social Cognition』Bertram Gawronski, Fritz Strack　The Guilford Press　2012

058 | ガツンとやってから 少しずつ心を解きほぐす
Door in the Face Technique

● ドアインザフェイスってなんだ？

　古代中国、漢時代に鯨布という武将がいました。
　もともとは漢のライバルであった項羽に仕えていたのですが、項羽のやり方がだんだん気に入らなくなって、劉邦側に寝返ったのです。
　その寝返る際、劉邦は、鯨布をしっかりと心から味方につけるため、策を講じました。最初に対面したときには、二日酔いのふりをして風呂を浴びながら、ひどく横柄に対応しました。当然のことながら鯨布は腹を立てました。
　しかし直後に、劉邦の臣下が鯨布をなだめ、歓迎の大宴会を開いてくれました。さらに翌日になって、劉邦も非礼を詫びました。こうして鯨布はすっかり機嫌をよくし、その後、漢の武将として淮南王に任ぜられるまでに活躍したのです。
　これが「ドアインザフェイス（譲歩的要請法）」と呼ばれるテクニックです。最初はとても呑むことのできない、不快な依頼をしておいて、それに腹を立てて要求を退けられたところで、もっと呑みやすい要求に切り替えます。要求された側は、**1つ目の要請を断って相手に譲歩させた手前、自分も何か譲歩しなければという気持ちになる**のです。
　心理学には既に紹介した返報性の一種でもいえますが、こちらの場合には、特に何の「恩」も与えてないのです。一度「断わられる」だけです。「断わられる」ことが交渉になるのです。

◉──すぐやる人 ▶▶▶ 堂々と実行する！

図58　ドアインザフェイス
こっちの要求を呑んでもらう仕組み

 応用してみよう!
これは営業などで非常によく使われている手法です。大事なのは、相手を不快にさせる最初の要請時において、堂々とやることです。ここを申し訳なさそうにやってしまうと、その後の「譲歩した」効果が弱くなります。

● **参考文献**
『影響力の武器』ロバート・B・チャルディーニ　社会行動研究会訳　誠信書房　2014

059 とりあえず行列に並んでしまうから行列ができる
Herding Behavior

● ハーディングってなんだ？

　行列のできるラーメン屋さんが、常においしいとは限らない。
　このことを私たちは経験的に知っていますが、しかし札幌などであまりにもラーメン屋さんが多く、かつ、どこに入るという目星をつけられていないときには、「行列」に頼る人が多くいます。少なくとも、あれほど混み合ったラーメン屋さんだらけなのに、ガラガラのところにわざわざ入るのは、抵抗があるでしょう。
　人間は、よく指摘されるとおり、完璧に合理的な生き物ではありません。札幌中のラーメン屋さんを比較検証し、もっともおいしいと思うところに「みんなが行く」などということはまずありません。もっと手っ取り早く判断するために、「**みんなが行っているところに行く**」のです。これを経済心理学で「ハーディング」といいます。

● セルフ・ハーディング

　よく知らないケースにおける判断は、他人任せ、つまりハーディングで決めたとしても、2回目からは多少自分自身の判断を取り入れます。というのは、とりあえず札幌で行列に並んでみて入ったラーメン屋さんがおいしければ、次回からそこの常連となるケースが多いのです。これを「セルフ・ハーディング」といいます。
　これもまた「手っ取り早い」からです。新しいお店を開拓するのもいいで

◉──すぐやる人　▶▶▶　**行列を利用！**

すが、何しろよく知らないラーメン屋さんがたくさんある中で、「前に行ったところよりおいしいところ」を選べる自信がない。むしろ「前に行ってそんなに悪くなかった」ところへもう一度行った方が確実です。もちろん2度目以降も。こうして、人は行列店に並び続ける傾向があるというわけです。

図59　ハーディング
行列を信用して手っ取り早く済ませてしまう仕組み

1回目　ここはうまいかも
なかなかうまい！
2回目以降　また来ちゃったよ

小料理屋
ぼったくり

人は合理的な決断をしにくい！

応用してみよう！
セルフ・ハーディングの概念を考えれば、新規顧客を開拓するより、リピーターを増やす戦略を練った方がうまくいき、また、自社サービスが「いかに人気を博しているか」を呈示するだけでPRになります。

● 参考文献
『Predictably Irrational：The Hidden Forces That Shape Our Decisions』Dan Ariely
Harper　2010

第6章　交渉する前に知っておきたい経営心理学

060 でっち上げてでも似たもの同士と思わせる
Chameleon Effect

● **カメレオン効果ってなんだ?**

「カメレオン効果」とは、相手の仕草、しゃべり方、表情などを無意識的にまねると、まねられた人から好感を持たれるという現象です。

これは意識的にやっても効果がある場合と、意識的にやるとかえって嫌がられる場合とがあって、なかなか難しいのですが、優れた営業マンなどはこれを「半無意識」で「半自動的」にできるといいます。つまり、訓練可能なテクニックともいえるわけです。

長年連れ添った夫婦が、血縁者同士でもないのに似てくるというのは、そもそも似た者同士が結婚したとも考えられますし、長年一緒にいるうちに、仕草や表情をお互いが無意識にまねをするようになった結果とも考えられます。

● **似ていると好感を持つ**

人は自分と似た人に好感を抱くのです。これはあらゆる社会心理学的な知見に照らし合わせても、わかりやすい事実です。

似ているということは、安全な相手である可能性が高いといえます。服装が似ているなら、経済状況や好みが似ているので、価値観や好悪が似ていると期待できます。生活スタイルや価値観が似ているなら、そもそもそれは「好きになれる相手」といっていいでしょう。

社会心理学の研究によれば「似ている点はありふれているものであるほど

●──すぐやる人 ▶▶▶ ものまね!

よい」といわれています。

実際「出身地が同じ」とか「大学が同じ」とか「職種が同じ」などという事実を捉まえると、話が弾みやすいでしょう。確かに「他愛のない共通点」ですが、それだけに「性格が似ている」などよりも確実です。

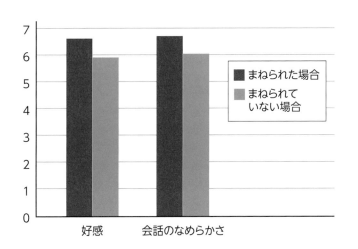

図60　カメレオン効果
まねられると好感度が上がる仕組み

■ まねられた場合
■ まねられていない場合

横軸：好感／会話のなめらかさ

応用してみよう！
相手との共通点を、ありふれたものでいいので見つける努力をしましょう。出身地が同じ人をひいきするという社会心理学の研究はたくさんあります。また、ぼろが出ない程度に「話を作って」みるのも面白いでしょう。

● 参考文献
The chameleon effect : The perception-behavior link and social interaction.
Chartrand, Tanya L.; Bargh, John A.
Journal of Personality and Social Psychology, Vol 76(6), Jun 1999, 893-910.
http://dx.doi.org/10.1037/0022-3514.76.6.893

061 決めやすいように配慮する
Analysis Paralysis

● 選択麻痺ってなんだ？

　コロンビア大学ビジネススクール教授のシーナ・アイエンガーは、品揃えの豊富なジャム店で、6種類のジャムを試食できるコーナーと、24種類のジャムを試食できるコーナーを揃え、訪れる客の行動を分析するという実験を行いました。

　その結果、6種類のジャムのコーナーで試食した客の30％が実際にジャムを購入していたのに対し、24種類のジャムのコーナーで試食した客は3％しかジャムを購入していなかったのでした。

　人は、**あまりに多くの選択肢があると、そもそもどれから手をつけていいかで迷ってしまい、選択の自由を享受できなくなります**。これを「選択麻痺」といいます。

● 豊富な選択肢は好まれるが、そこから選択するのは難しい

　この実験中、興味深い事実として、実際に訪れた人の数で言えば、24種類のジャムのコーナーの方がはっきりと多かったことでした。つまり、豊富な選択肢は人目を引くのです。

　問題は、豊富な選択肢に人が集まってきても、その中から1つを選ぶとなると難しいことでした。私たちはどうやら、たくさんの選択肢を求めているものの、多すぎる選択肢はもてあましてしまうようです。

◉──すぐやる人 ▶▶▶ 選択肢はほどほどに！

図61　選択麻痺
多品種が好まれない仕組み

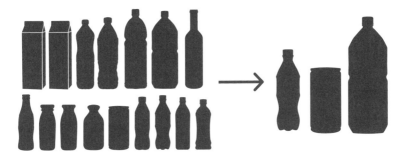

多品種よりも　　　　　　　　　適度なバリエーション

好奇心にかられるが、　　　　　現実的には、
選択できない　　　　　　　**選択しやすい**

応用してみよう！
筆者はある保険外交員から、生命保険を勧められ、結局契約を取り交わしたのですが、そのとき経験したことがまさに選択麻痺をうまく避けてもらったということでした。外交員はたくさんの保険をよどみなく説明した後で「佐々木さんにはこれが一番オススメです」とあっさり1つの提案をしたのです。

シーナ・アイエンガー
1969年カナダ生まれ。「選択」を研究テーマとして掲げ、脳科学、心理学、経済学など学際的に自身の研究テーマとして取り組む。コロンビア大学ビジネススクール教授。

第6章　交渉する前に知っておきたい経営心理学　**153**

062 禁止の魔力
Reactance

● リアクタンスってなんだ?

　心理学関係の用語にはときおり、標準的な心理学の事典や教科書では扱っていなかったりするのに、非常に有名になっている言葉があります。「ジョハリの窓」などがそうですし、「カリギュラ効果」という言葉もあります。

　カリギュラ効果は、上映禁止になった映画などが、かえって興味をひいてしまうという現象です。一般に禁止がかえって注意をひき、禁止されることで魅力が増すという事例はよく知られています。心理学の事典に「カリギュラ効果」はあまり載っていませんが、専門用語で「リアクタンス」といいます。

●「自由を回復する」動機づけ

　心理学ではリアクタンスを、自由を回復するための動機づけとみなしています。すなわち、自由が脅かされそうになった場合に、それを取り戻さなければならないという動機づけが生まれるわけです。カリギュラ効果もそうですが、映画自体に魅力を感じていた訳ではなく、禁止されているから、見たくもなるのです。

　したがって、もともとはさほどやりたくない、見たくないと感じていても、実行への情熱が激しくなるということはよくあります。

　リアクタンスはしばしば「反発」と訳されます。**態度や価値観の変容を説得されそうになったとき、かえって抵抗してしまうのが人間の性なのです。**

◉――すぐやる人 ▶▶▶ 禁止をうまく利用する!

図62 リアクタンス
禁止されることで反発してしまう仕組み

禁止により、リアクタンスが起こりやすくなる事例

応用してみよう！
マーケティングでしばしば見られ、相応の効果を上げているのがリアクタンスの応用です。「一見さんお断り」や「撮影禁止」など「禁止」によって意欲を高めることができるわけです。これは「期間限定」などの手法と似ていますが、喚起される衝動は禁止された方が強くなります。

● 参考文献
『Theory of Psychological Reactance』Jack W. Brehm　Academic Press Inc　1966

第7章 マーケティングに使える経済心理学

20世紀末から21世紀に入って発展した分野が、経済心理学です。それまでの精神分析や行動科学、社会心理学的な説明を押しのけて、まったく新しい方面から人間の行動を説明できるようになってきています。この分野の基本は、経済。価格を下げるとどんなことが起こるのか、価格を上げるとどうなるか？　その意外な結末とからくりを知らなければ、これからのマーケティングに勝つことは難しいでしょう。

063 寄付を募る
Warm Glow Effect

● 温情効果ってなんだ?

　人はなぜチャリティ活動などに寄付をするのでしょう?

　実はまだよくわかっていません。以前よりはずっと柔軟になってきているとはいえ、もともと経済学という学問では「人はとことん自己中心的で、合理的な行動をとる」とされていました。つまり「寄付は無駄であるからしない」ことになっていました。

　心理学は一般にそんな人間をモデルにしていませんが、お金が絡むケースでは、経済学の影響を強く受けてきました。その経済学で「人間は寄付などしない」というのですから、なかなか「お金に関わる現実的な人間心理」の研究は進みにくかったのです。

　それが、経済学と心理学の融合ともいえる「行動経済学」の登場以来、急速に変化してきました。人間の、いかにも人間くさい活動の多くが解明され出したのは、行動経済学の貢献によるところが非常に大きいといえます。それでも「人はなぜ寄付するのか?」となると、必ずしもよくわかっていません。間違いなく多くの金額が寄付によって集まるにも関わらずです。

　あまりよくわかっていないながらも、一般的には「人は寄付によって気分がよくなる。向社会的な行動をとったという事実を自分に示せるし、他人にそう見せることで、社会的ステイタスが上がったと信じられる」ということはあるようです。

　行動経済学がこんなに発展する以前から、楽観主義心理学のマーティン・

◉──すぐやる人　▶▶▶　寄付は心によい!

セリグマンなどは積極的に寄付を行うように勧めています。**精神衛生上非常によい意味を持つからです。**

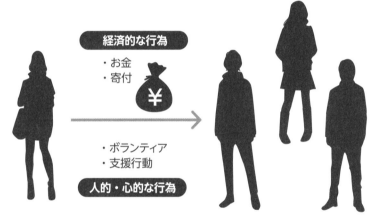

図63　温情効果
人間らしい行動をする仕組み

経済的な行為
・お金
・寄付

・ボランティア
・支援行動

人的・心的な行為

利他的な行為ともいわれ、経済学からすると非合理的だが、人間を人間たらしめている古典的な行為。

応用してみよう！
寄付はビジネスとしては少しも新しい方法ではありません。宗教界では古くから広く行われてきました。宗教がそうであるように、寄付が行われやすいのは、あるサービスが自分、もしくは自分と似た価値観の個人にとって必須だと感じられる場合です。政治の世界でも同じです。最近では、インターネット上でWikipediaが大規模に寄付を募って、一定額を集めています。

● 参考文献
『The Science of Giving: Experimental Approaches to the Study of Charity』Daniel M. Oppenheimer　Christopher Y. Olivola　Psychology Press　2010

第7章　マーケティングに使える経済心理学

064 自分はユニークだと思いがち
False Uniqueness Effect, False Consensus Effect

● **フォールス・ユニークネスってなんだ?**

　グレイ・マークスの実験調査によると、たとえば自分が「英語を読み書きできる能力を持っている」と考え、かつその能力に価値を認めているならば、英語の読み書きのできる人の数を、実際より過小評価する傾向があるといいます。

　これは、**自分の能力をユニークなモノだと考えたいバイアスが働くからです**。自分のことを本来よりも「ユニークだ」と間違って思い込んでしまうこのような現象を「フォールス・ユニークネス」といいます。

● **フォールス・コンセンサス**

　これとは反対に、人は一般に自分の考えの「適切さ」を、実際よりも一般的だと考えがちです。たとえば自殺を考えたことのある人は、たいてい一度くらいは誰だって自殺を考えたことがあると思い込みやすいのです。このような推測のズレを「フォールス・コンセンサス」といいます。

　1977年に、リー・ロスを中心としたメンバーが、「サンドイッチマン実験」という面白い実験を行いました。

　サンドイッチマン実験というのは、大学生に被験者になってもらい「あなた、サンドイッチマンになって『悔い改めよ』という広告板をぶら下げて、学内一周してくれる?」と頼みます。「OK。いいよ」と同意した学生は、他の多くの人がOKするだろうと考え、「嫌だよ」と拒否した人は、他の人も自

◉──すぐやる人 ▶▶▶ 他人の個性を尊重!

分と同じように拒否するだろうと考えました。

　この差はかなり大きなもので、同意した人は60％以上の人が自分と同じように同意するだろうと考え、逆に拒否した人は67％が拒否するだろうと予測したのです。

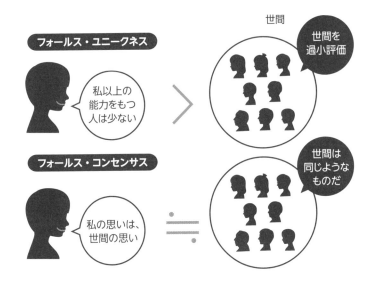

図64　フォールス・ユニークネス、フォールス・コンセンサス
間違った思い込みの仕組み

応用してみよう！
「私が正しいはずだ！」と感じたとき、それに反対されると「なんと心外な！」という気持ちになるわけがよく分かります。同時に反対者に対し、「あいつらは全くわかってない！」と思うのも道理です。しかしフォールス・コンセンサスのことを知っていれば、たとえ傷ついても気持ちをすばやく切り替えられるでしょう。

● 参考文献
The "False Consensus Effect": An Egocentric Bias in Social Perception and Attribution Processes
Ross, Lee; And Others
Journal of Experimental Social Psychology, 13, 3, 279-301, May 77

065 他人が買ったモノが気になる
Peer Effect

● 仲間効果ってなんだ？

　口コミというのは「新しいマーケティング」として一時もてはやされたものですが、一般の人がイメージしている口コミと、インターネット時代の口コミは少し違ってきています。

　私たちが今、1番目にする機会が増えている口コミ効果はやはりAmazonです。Amazonでは書籍を買おうとしただけで「この本を買った人は、こんな本も買っています」などと表示してきます。

　ランキングは結局「口コミ」なのです。「この分野に興味がある人たちが買っている本はこんな本です」といっているのです。

　買い物はギャンブルです。ギャンブルは意思決定です。書籍なり、おもちゃなり、車なりがほしいと思っても、商品について詳しくなければ、いくら払うのが妥当なのか、「賢い買い物」なのかについて、自信が持てません。

　人は自信が持てないとき、自分と似たような人がどうするのかを観察したくなるのです。それが「仲間効果」です。他人のふるまいを観察して、自分の行動を決める点でアルバート・バンデューラ の言う観察学習の一種とも言えます。

　Amazonですらまだそこまではいいませんが、最終的には「あなたとよく似た人はこんなものを買って満足しています。ですから、あなたもきっとこれが気に入るはずです」と伝えたいわけです。

◉──すぐやる人 ▶▶▶ 口コミでたくみに伝える！

図65　仲間効果
他人の意思決定を参考にする仕組み

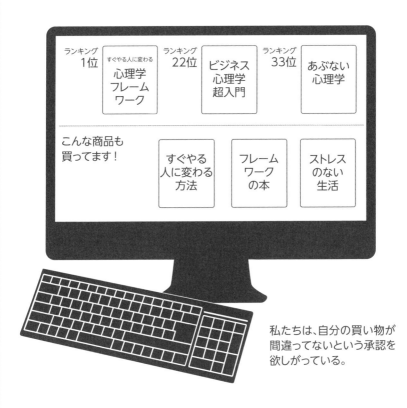

私たちは、自分の買い物が間違ってないという承認を欲しがっている。

応用してみよう！
インターネット時代には、商品の評判について井戸端会議をしてもらう必要はありません。オンラインショッピングを手がけているのなら、似たような商品に興味を持っている2人の顧客が、相互に買っていないモノを調べることなど容易でしょう。それを推奨すれば購入される可能性は極めて高いといえます。

● **参考文献**
Social learning and peer effects in consumption: Evidence from movie sales
E Moretti - The Review of Economic Studies, 2011

066 ブランド名はいつ伝えるか?
Brand

● ブランドってなんだ?

　私たちは「ブランドの力」というものをよく知っているように思っていますが、その本当の力についてはまだよくわかっていません。たとえば、コカ・コーラとペプシ・コーラを紙コップで飲み比べた場合と、それぞれのマークのついた缶ジュースとして飲んだ場合とでは、出る結論は明らかに変わってしまいます。

　知識は、私たちに先入観を植えつけたり、自分で判断することを怠らせるだけではないのです。知識は、経験そのものを変化させる力を持っているのです。

　コーラの例でいうならば、事前に知識があるかないかで、味覚体験そのものを変えてしまうのです。

● 知識は脳の反応自体を変化させる

　それを明らかにしたのがサミュエル・マクルーアら、認知科学者のグループでした。彼らのfMRI（核磁気共鳴計測）を用いた実験によると、コカ・コーラびいきでもペプシびいきでも、「知らずにコーラを飲んだときの被験者の脳の反応」は似たようなものでしたが（すなわち炭酸入り砂糖水を飲んだ場合の反応）、ブランドを知ってから飲むと、背外側前頭前野という部分が活発になるのです。つまりブランドを知ってコーラを飲むということは、知らずにコーラを飲むということとは、違う経験をするわけです。敢えていうならば味自体が変化していることになります。

◉――すぐやる人 ▶▶▶ 知識をうまく使う!

誤解を恐れずにいうなら、人はブランドに「だまされている」とはいえないのです。ブランドのおかげ、あるいはブランドのせいで、味覚が変化しているのですから、判断が変わるのも自然といえます。

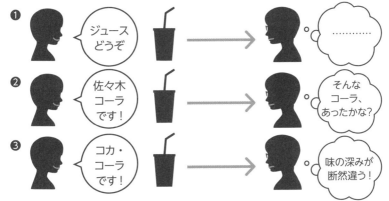

図66　ブランド
ブランド力の仕組み

❶ ジュースどうぞ → …………
❷ 佐々木コーラです！ → そんなコーラ、あったかな？
❸ コカ・コーラです！ → 味の深みが断然違う！

コーラの中身がまったく同じでも、ブランドを知っている、知らないでは、脳の反応が変わる！

応用してみよう！
このことはまた、逆の面でも応用できます。すなわち何であれ「ノーブランドのもの」を経験させる際には「後からそのことをいう」方が親切です。
インスタントコーヒーでもけっこういけると感じた人なら「実は……」といっても経験は変化しません。
しかし先にそれをいってしまうと「これからまずいコーヒーを飲むことになる」と予測して飲んでしまい、実際その人は「まずいコーヒーを飲む」ことになります。

●参考文献
Neural Correlates of Behavioral Preference for Culturally Familiar Drinks
Samuel M. McClure, Jian Li, Damon Tomlin, Kim S. Cypert, Latané M. Montague, P.Read Montague

第7章　マーケティングに使える経済心理学

067 | 「98円」にすると売上は伸びるのか?
Odd Pricing

● 端数価格ってなんだ?

「端数価格」について、ご存じないという人はいないでしょう。日本だけではなく、欧米でも広く用いられている販売戦略で、おそらく世界共通です。アメリカなどでは99.99ドルの製品のコンマを入れず、9999(ただし後ろの99は小さく表記する)というのを何度か見かけました。また、99セントショップというのもありました。日本の100円ショップのバリエーションですが、おつりを受け取るのが少し手間だという気もします。

これほど広く行われているところ見ると、効果はありそうです。しかしこの効果は、単に1品の値段の桁が変わるというところにも確かにあるのですが、**その効果は「カテゴライズ」にあるようです。**

● 計算するよりカテゴライズしてしまう

私たちは要するに9,800円であれば「9,000円のもの」というカテゴリーにとっさに入れ、「10,100円」だと「10,000円以上のもの」というカテゴリーに入れてしまうようです。10,000円払っておつりは200円、という計算をしたがらないのです。

ロバート・シンドラーの研究がそれをよく物語っています。同じ5ドルの差でも、25ドルと20ドルでは、その差が大きいとはあまり感じられないとされます。どちらも「20ドルにカテゴライズ」されるからです。しかし、24.99ドルと、19.99ドルとなると、一方は「20ドル以上」で、他方は「10

◉──すぐやる人 ▶▶▶ カテゴリー!

ドル台」ということになり、両者の差はかなり大きいとされ、19.99ドルのほうがずっと売れ行きがよくなるのです。

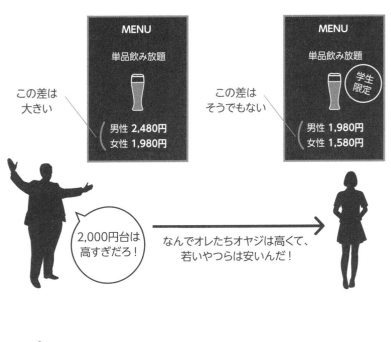

図67　端数価格
世界共通の価格設定の仕組み

応用してみよう！
商品のどのような部分をいじれば「カテゴリー」が変化するでしょうか？　値づけがもっとも効果的でしょうが、それ以外のカテゴライズで有利に働く方法がないか？　検討してみましょう。

●参考文献
『Priceless: The Hidden Psychology of Value Paperback』William Poundstone　Oneworld Publications　2011

068 持ってしまうと手放せなくなる
Endowment Effect

● 保有効果ってなんだ？

　私は友人に何度か「ヤフーなどのオークションに参加してしまうと、店で買った方が安いような価格まで競りに参加してしまうことがあるんだけど、どうしてなんだろう？」と質問されたことがあります。人には「競争に勝ちたい」という本能的な欲求があるせいですが、経済行動学ではもう少し「科学的な」理論も用意されています。

　「保有効果」の実験では6ドルのマグカップを大学生に無償で配ります。しばらく後に、彼らが受け取ったマグカップをいくらなら譲ってよいかを尋ねたところ、平均して5ドルという結果が出ました。

　逆にマグカップを受け取っていない学生に、いくらならこのマグカップに支払ってよいかを尋ねたところ、平均して2ドルという結果でした。この2.5倍という差はかなり開きがあります。お店でモノを売る人が、自分の商品に強い愛着を感じているようだと、売買取引は一般に成立しなくなるでしょう。

● あたかも保有してしまったかのような……

　オークションで値がつり上がるのも、概ね同じ理論で説明されています。一度でもオークションで「競り落とせるポジション」についてしまうと、そのモノを「持ったような気持ちになって」しまうので、それを他人の手に「譲り渡す」のが惜しい気がしてしまうのでしょう。

◉──すぐやる人 ▶▶▶ 保有してもらう！

何とも合理的でない感情ですが、もともと「保有効果」とは合理的ではないのです。保有していないときとした後で、モノの価値が変わるわけではないのに、**モノを持っただけで価値が高まったように感じる**からです。

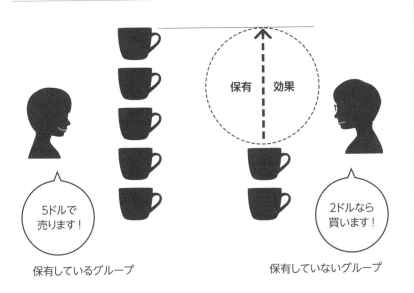

図68　保有効果
保有するだけでモノの価値が高まる仕組み

5ドルで売ります！
保有しているグループ

2ドルなら買います！
保有していないグループ

応用してみよう！
「あたかも保有してしまった気持ち」をお客さんに感じてもらうというのはうまい方法です。食品などでは難しいでしょうが、汚れたり傷つく程度で済む商品なら「30日までは返品可」としておいても、ほとんどの人は「お試し後の返品」をしたがらないはずです。

●参考文献
Anomalies: The Endowment Effect, Loss Aversion, and Status Quo Bias
Daniel Kahneman, Jack L. Knetsch and Richard H. Thaler
The Journal of Economic Perspectives
Vol. 5, No. 1 (Winter, 1991), pp. 193-206

069 フリーミアムのパワー
Freemium

● フリーミアムってなんだ？

フリーミアムとは、無料提供できるサービスや製品を無料で提供し、特別なサービスについて料金を課金する仕組みのビジネスモデルのことですが、実際にはもっとさまざまな形態が存在しています。

私たちはなんだかんだといっても「無料！」に弱いものです。その理由は単純で「懐が痛まない」からです。この表現はなかなか的確で、**認知科学の研究によると「金銭を払う痛み」は「肉体的苦痛」とよく似ているのです**。

となると、200円が100円になっても「痛い」ことに違いはないのですが、100円が「無料」になるととたんに「痛くなくなる」ので、人は安心して飛びつくことができるわけです。

● 「何か」を無料にする

この方法を実際に応用している例を、私たちはよく知っています。AmazonなどのECサイトです。

以前Amazonは、1,500円以上書籍を購入すると、配送料が無料にするという点を非常に強調していました。これは非常にうまくいったようで、購入者は、購入金額を1度に1,500円以上にするために、2冊目の本を買うことが多くなったわけです。今ではこの手法がオンラインショッピングを中心に広く行われています。

「無料」の効果を強調する上で、よく引き合いに出されるのがフランスの

●──すぐやる人　▶▶▶　無料の特典！

Amazonで、フランスでは本を多く買っても送料が無料にはならず、約20円は支払わなければならなかったようです。それにしても破格の安さですが、売上増にはほとんど効果がなかったといわれています。

私たちは「無料！」といわれないと反応しないのです。

図69　フリーミアム
無料がインパクトを与える仕組み

私たちはなるべく配送料の無料のところを探しがちで 実質いくら値引きされているかなどの合理的な考えより、「無料」「FREE」に特別な反応を示す。

応用してみよう！
ビジネスを始めていて、とにかく多くの人に認知してほしいということがあれば、何を無料にできるかを検討してみましょう。なるべく、デジタルコンテンツなど、無料で配布しても困らないものがよいでしょう。あるいは2つ目までは購入対象になるものの、3つ目は……という場合、「3つ目は無料」にするという方法もよく使われています。

●参考文献
『Free: How today's smartest businesses profit by giving something for nothing』Chris Anderson　Random House Business　2010

第7章　マーケティングに使える経済心理学

070 おとり商品を用意する
Asymmetric Dominance

● 非対称の優位性ってなんだ？

　たとえば土地の購入に迷っている人がいるとします。

　土地Aは、価格が1,200万円と安価ですが、西向きで形が少し変わっています。

　土地Bは、価格が2,000万円と高価ですが、南東に面していて、しかも正方形です。

　購入したい人は、土地Bの方が土地Aより、いい土地だから値段も高いというのはわかりますが、はたしてその差に800万円払うべきかどうかがよくわかりません。土地Bは割高のような気もするし、しかし安い土地を買って後悔したくもない。

　不動産屋さんは、決めかねている人に土地Cを見せます。

　土地Cは南東向きですが、変な形をしていて2,200万円と、土地Bよりも高いのです。

　土地Cを見た人は、結局土地Bを買うことに決めました。これはどういうことなのでしょうか？

● 比べて優れているものは優れていると確信できる

　不動産屋さんは最初から、土地Cを買わせるつもりはなかったのです。

　この条件の土地Cを買う人は、まずいません。土地Bと比較がしやすく、しかもいい点がないからです。

◉──すぐやる人　▶▶▶　比較させる！

私たちは、何か分からないことがあると、とりあえず比べるという習性を持っています。
　ただ、土地Aと土地Bは比べにくいのです。それぞれ理由があっての価格になっているため、割高なのか割安なのかすら分からないからです。
　不動産屋さんはそういう事情を心得ていて、土地Bと比較しやすい土地Cをわざわざ用意し、土地Bが「お買い得であるかのように」見せたわけです。

図70　非対称の優位性
比較対照で買わされてしまう仕組み

Ⓐ　L $7　　M $6.50　　S $3

Ⓑ　L $7　　S $3

Ⓐのように呈示されると、多くの人が自然とMサイズを選べる

Ⓑでは選びにくい

応用してみよう！
高くてよいものと、安くてそれなりのものをラインナップしており、しかも「高くてよい方を買わせたい場合」には、比較されるためだけの、もっと高くて、少し劣るものをおとりに用意します。この手法はよく使われていますが、効果が大きいとされています。

● 参考文献
Decoy Effects in Choice Experiments and Contingent Valuation: Asymmetric Dominance
Ian J. Bateman, Alistair Munro, and Gregory L. Poe
Land Economics February 2008 vol. 84 no.1 115-127

第8章 心を柔らかくするストレス心理学

ビジネスパーソンであれば、ストレスと無縁ではいられません。もっといえば、生きていればストレスを抱えないわけにはいきません。心理学はストレスを昔から研究してきました。肉体が受ける影響から、社会的な影響から、脳におよぼす影響まで。今日、知られているストレスの危険とそれに対応するメソッドは心理学を通して学ぶのが一番であり、ビジネスパーソンには必須の知識です。

071 面倒ごとは一気に片づける
Psychological Adaptation

● 順応ってなんだ？

　私たち人間は非常に順応性の高い動物だといわれています。ちょっとした面倒ごとやストレスならば、慣れるどころか、耳が無視するという能力すら持っています。うそだと思う人は1分だけ、両手で両耳をしっかりとふさいでみましょう。両手を耳から離すと、それまで気づかなかったありとあらゆる「雑音」が、あなたの環境を覆っていたと気づくはずです。人間は「聞いて意味のない雑音」を「聞いていないことにする」能力をもっているのです。

　ちょっとした苦痛に対してはこのような能力があるので、**慢性的なストレスは精神的健康をどうしても損なう一方で、ストレスに順応してしまえばストレスもストレスではなくなります**。

● 間を空けると順応しにくくなる

　掃除機の爆音を使った心理実験があります。掃除機の爆音を5秒だけ聞くグループ、40秒ぶっ通しで聞くグループ、40秒聞いて数秒休止してから5秒聞くグループで「耐えがたさ」を評価してもらいます。もっとも耐えがたいと感じたのは「5秒」のグループでした。40秒間ぶっ通しで聞かされた人たちはそれほど耐えがたくはなかったのです。そして数秒の休止を置いたグループは、「5秒」のグループに数値が近づいてしまいました。

　この結果を見れば、私たちのストレスは、必ずしも「ストレスの総量」に比例しては感じられないということです。

◉──すぐやる人 ▶▶▶ **嫌なことはすぐやる！**

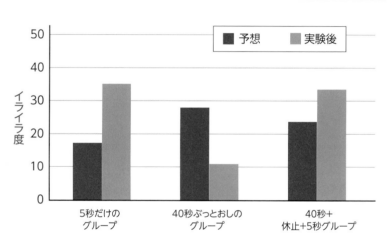

図71　順応
イライラ度は時間に比例しない仕組み

「爆音」がどの位イラだたしいかの50ポイント評価

応用してみよう！
嫌なことは、それが耐えられるようなものであれば、続けざまに切り抜けてしまう方がうまくいくようです。人間には高い順応力があるからです。この能力は、途中に「休み」を入れてしまうとうまく働かないようです。

●**参考文献**
Nelson, Leif D. and Meyvis, Tom, Interrupted Consumption: Disrupting Adaptation to Hedonic Experiences (December 2008). Journal of Marketing Research, Vol. 45, pp. 654-664, December 2008. Available at SSRN: http://ssrn.com/abstract=946210

072 パニックに陥りにくくなる
Prefrontal Area

● 前頭前野ってなんだ？

　誰でも一度くらいは「大勢の人の前で失敗してしまい、頭が真っ白になってしまった！」という経験をお持ちでしょう。実際にはそんなに大したことが起こってはいないのですが、研究によれば「死に近い恐怖」と感じているようです。

　なぜ「頭の中が真っ白になる」のか？　脳科学者の中には、このような状態になった脳を「パニック脳」と呼んでいます。パニック脳になる原因は明らかで、脳の中でも、もっとも人間らしい能力を司っている「前頭前野」という部分が、機能休止してしまうせいです。

　前頭前野とは、ごく大ざっぱにいえば、高度な知能を支えているエリアです。複雑な暗算をしたり、空気を読んで相手の表情からふさわしいことを喋ったり、黙っていたりするためには欠かせないところです。

● 前頭前野は簡単に機能停止する

　しかしこの複雑な知性を支えている前頭前野は、ストレスでわりと簡単に機能を止めます。1つの理由は、安全のためです。たとえば熊に襲われたときに、複雑な計算や社会の空気を読んでいる場合ではありません。前頭前野の高度な能力にエネルギーを注ぐ意味がないときには、「頭が真っ白になる」のはいいことなのです。

　問題なのは、私たちの生きている時代の特殊性にあります。大勢の前でプレゼンを失敗したという危機は「重大」なため、脳は熊に襲われたケースの

◉──すぐやる人 ▶▶▶ 読み・書き・計算！

ように反応してしまうのですが、聴衆を前に「息を潜めてじっとして」いても問題の解決にはなりません。

　こんなときこそ冷静に「前頭前野」の人間らしい高度な知力を発揮し、ジョークの1つも飛ばしたいところです。そのためには日頃から前頭前野をトレーニングしておく必要があるわけです。

図72　前頭前野
前頭前野を活性化する仕組み

前頭前野を働かせるには…

春はあけぼの。やうやう白くなりゆく山際、少し明かりて、紫だちたる雲の細くたなびきたる。
読み

書き

12 × 34
25 × 87
44 × 13
67 × 41
55 × 9
計算

人とのコミュニケーション

応用してみよう！
前頭前野をトレーニングするといってもどうしたらいいのか。たとえば、複雑な社会活動を営むには前頭前野は欠かせません。ただ、脳は失敗すると萎縮する傾向もあるので、なるべく確実にうまくいくことをやりたいところです。休日に、自分を確実に受け入れてくれるような集まりで社交性を発揮するなどというのがよさそうです。

●**参考文献**
This is Your Brain in Meltdown
Amy Arnsten, Carolyn M. Mazure and Rajita Sinha
Scientific American (March 2012), 306, 48-53

073 言いたいことを呑み込むのをやめる
Assertion

● アサーションってなんだ？

「アサーション」とは、コミュニケーションスキルの1つです。

もともとは、アメリカのカウンセリング技法でした。自己主張が苦手な人のために、コミュニケーション訓練の一環として導入されてきたのです。

アサーティブな自己主張という言い方が最近、ビジネスや教育の現場でもよく聞くようになりましたが、突き詰めていえば「怒りを呑み込まないこと」です。もちろん、怒りにまかせて攻撃的にいいたいことをいうのはよくないわけですが、そのはるか手前、いいたいことを何もいえずに黙ってしまうのもよくないということで、**どうやって「建設的に自己主張するか」**を訓練するわけです。

● 怒りを伝える意外な効果

必要な主張であってもグッと呑み込んでしまう、という人はけっこういます。もちろん、取引先との関係などのせいで、やむを得ない場合もあります。しかしそうではなくて、何をいわれても、何をされても、普通の人なら黙っていないような状況に置かれても、何もいわない。そうした人は、自己主張した結果を非常に恐れているのです。

もちろん、いうべきことをいったばかりにその場が気まずくなったり、相手との関係が切れてしまうということもあり得ることです。しかし、そうした相手との関係が切れても本来は問題がないはずなのです。

●──すぐやる人 ▶▶▶ 自己主張！

また、自己主張には思いがけない効果もあります。自己主張することによって、クレームをぶつけた相手のことを好きになれるかもしれません。意外なことかもしれませんが、自己主張することを恐れている人は、相手が「怒るのではないか」ととても不安に思っているわけですから、それで関係が気まずくならないようなら、感謝する気持ちになれるからです。

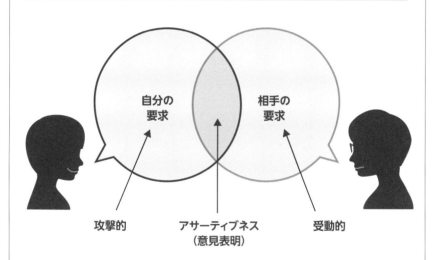

図73　アサーション
建設的に自己主張する仕組み

自分の要求　　相手の要求

攻撃的　　アサーティブネス　　受動的
　　　　　（意見表明）

応用してみよう！
自己主張が苦手な人は、公私の別なく「自分がグッとこらえたことと回数」を記録するようにしてみましょう。「この人には、自分がいいたいことがあったけれど、既に10回ガマンした」のであれば11回目には何かしらを伝えるようにします。もちろんいい方は考えておきましょう。

● 参考文献
Research Issues in Assertiveness Training.
Rich, Alexander R.; Schroeder, Harold E.
Psychological Bulletin, Vol 83(6), Nov 1976, 1081-1096. http://dx.doi.org/10.1037/h0078049

074 そもそもストレスってあるの?
Stress

● ストレスってなんだ？

　ストレスとはよく聞く言葉ですが、この表現がはっきりと科学的に定義されるようになったのは、近年のことです。ストレスはもともと「憂鬱」とか「苦悩」を意味する、漠然とした言葉でした。

　1930年代後半にカナダの生理学者ハンス・セリエによって、「外界のあらゆる要求によってもたらされる身体の非特異的反応」を表す概念として提唱されました。

　セリエの貢献は、ストレスを「身体の反応」としてはっきり目に見える形で示して見せたことです。有害な刺激が一定期間にわたって生物に与えられると、副腎皮質の肥大、リンパ節の萎縮、胃腸の出血・潰瘍など、生理学的な変化を引き起こすのです。このような身体の反応は、「汎適応症候群」と呼ばれ、ストレスとはこれが生じている状態を指すものと考えられています。

　つまり、**ストレスとは単なる「気鬱」や、まして「気のせい」ではないの**です。ストレスは心身症であり、慢性化すればさまざまな深刻な症状へと発展していくリスクを伴うものです。

● 野生の生物は精神的なストレスには耐えられない

　「野生」といえば「強さ」の象徴のようにいわれています。しかし「野生の生物」が強いのは身体的な問題に対して強いのであって、精神的な問題に対してはまったく強くないものです。

◉──すぐやる人 ▶▶▶ ストレス解放！

たとえば、野生のゴリラなどは、人にとらえられて檻に入れられると、ストレスで間もなく死んでしまうと言われています。また「快適な」動物園などの環境で「野生の」生物を飼育する難しさがよく指摘されます。

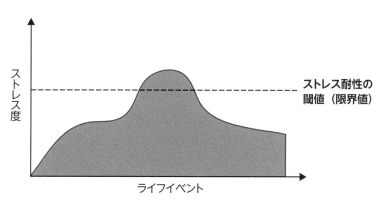

図74　ストレス
ストレスとライフイベントの関係性の仕組み

ストレスは目に見えないため、要因は1つではない。入学・就学などのイベントもストレスがかかるため、事故、病気、死別などのライフイベントだけがストレスの要因ではない。

 応用してみよう！
長期休暇などで「英気を養う」という表現がよく使われますが、むしろ多少人工的であれ「自然に還る」ようにしてみたらよいかもしれません。私たちの生活は「快適に調節された動物園」のようなものかもしれないからです。

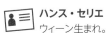 **ハンス・セリエ**
ウィーン生まれ。カナダの内分泌学者。ストレス学説の提唱者である。どのようなものであれストレスが生体に作用すると、副腎皮質の活動が活発になるなどの共通のパターンが観察されることを発見した。これが後のストレス学説へと発展した。

075 ストレスへの対処は必須のスキル
Stressor

● ストレッサーってなんだ？

　大きな天災や人災に巻き込まれたり、配偶者が亡くなるなど、「ライフイベント」ともいうべき劇的な出来事はある日突然やって来ます。

　人がストレスを受けるのは、こうした大きな出来事がまず考えられます。こうした「ストレス要因」を心理学で「ストレッサー」と呼びます。ホームズとレイは、ライフイベントを重要なストレッサーとし、配偶者の死を最悪の100点と設定しました。

　ライフイベントには他にも、離婚や刑務所への収監など、さまざまなものがあります。それぞれを列挙して相対的な点をつけて、心身への健康に与える影響の度合いを計測しようと考えたのです。

● 日常時いらだちごと

　ラザラスは、人がストレスを受けるのは人生においてたまにしか経験しないような重大な出来事「ライフイベント」ではなく、日常にありふれている「日常時いらだちごと」（デイリーハッスル）だと考えました。

　たとえば、「〆切がきつすぎる」とか「職場の上司が嫌だ」などといったことです。

　職場の他、家庭で遭遇するさまざまな日常時いらだちごとが、私たちの慢性的なストレスの源になっていることは間違いありません。

　問題はストレッサーがライフイベントか日常時いらだちごとかといったこ

◉――すぐやる人 ▶▶▶ 小さなストレスも意識！

とではなく、ストレスが私たちにとって非常にありふれたものだという点です。ストレス対処は、大きな問題に巻き込まれていないとしてもすべての人にとって必須のスキルといえるわけです。たいていの日常時いらだちごとは老若男女の別なくおそいますし、すぐに消えてなくなりもしないからです。

図75　ストレッサー
ストレス度の仕組み

順位	ライフイベント	ストレス度	順位	ライフイベント	ストレス度
1位	配偶者の死	100	11位	家族の健康の変化	44
2位	離婚	73	12位	妊娠	40
3位	夫婦別居	65	13位	性生活の困難	39
4位	刑務所への収監	63	14位	新しい家族メンバーの加入	39
5位	近親者の死亡	63	15位	仕事上の変化	39
6位	大きなけがや病気	53	16位	家系上の変化	38
7位	結婚	50	17位	親友の死	37
8位	失業	47	18位	配置転換・転勤	36
9位	夫婦の和解	45	19位	夫婦喧嘩の回数の変化	35
10位	退職・引退	45	20位	1万ドル以上の借金	31

応用してみよう!
体験した大きなライフイベントがあったら、それがもとでストレスがひどくなっているというような自覚はあるでしょうか? もしあれば、それについてどんな対策があるか、書き出すだけでもやってみてください。書くこと自体がストレス対処になります。

リチャード・ラザラス
アメリカの心理学者。カリフォルニア大学の心理学教授。心理社会的ストレス研究の第一人者。ストレスに関する認知論を展開した。人がストレスを経験する際、ストレスの有害さと重大さの見積もり（1次評価）と、ストレスに対応できる能力や資源についての見通し（2次評価）が重要であると指摘した。

076 ストレスレベルを落とせば仕事もはかどる

Yerkes-Dodson's law

● ヤーキーズ＝ドッドソンの法則ってなんだ？

　ヤーキーズとドッドソンはネズミを使った学習実験で、学習パフォーマンスと学習レベルの間には、「逆U字」の関係があることを発見しました。

　スポーツなどでよく経験するとおり、ある最適水準までは、覚醒レベルが上がるほど、パフォーマンスがよくなります。ボーリングなどでも、眠かったり、やる気がまったくなかったりするよりは、ちゃんと集中している方がよい結果が出ることが多いでしょう。

　しかし、最適水準を超えて覚醒すると、今度はパフォーマンスが低下していきます。過度の緊張状態では、眠くて仕方のない状態とほとんど同じパフォーマンスしか発揮できません。スペア直後の一投が妙に小さい数字しか出せないという人は多くいます。

● 課題の難易度によって逆U字は偏る

　課題の難易度がほどよい場合には、逆U字はきれいな山型になりますが、課題が非常に簡単な場合には、右寄りになります。すなわち、易しい課題においては、覚醒レベルが高い方がパフォーマンスはよくなるわけです。

　これも、多くの人が実際に経験していることでしょう。そもそも易しい課題では、覚醒レベルが上がる動機を失いがちです。易しい課題なら、少々のストレスは邪魔になりませんし、むしろ集中力をうまく扱うことができます。

　難しい課題の場合にはこの逆、すなわち曲線は左寄りになります。

●──すぐやる人 ▶▶▶ 逆U字！

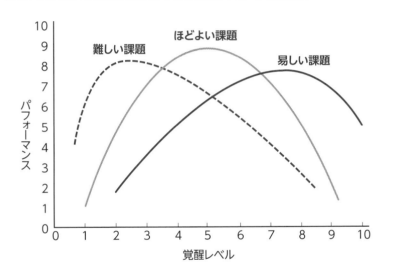

図76 ヤーキーズ=ドッドソンの法則
パフォーマンスを上げる仕組み

応用してみよう!
難しい課題においては、少しの緊張でも余計な邪魔にしかなりません。現実に仕事をしている人は、そう易しいことばかりやっているわけではないので、少しでもストレスレベルを下げておく方が効率的でしょう。ここを逆にとらえると、ストレスを得る上に効率を下げる羽目になるので要注意です。

ロバート・ヤーキーズ
アメリカの心理学者。1902年にハーバード大学で博士号を取得。アメリカの比較心理学の発展に貢献したことで有名。無脊椎動物から脊椎動物まできわめて広範な動物およびヒトを対象とし、ヤーキーズ研究所で知能を中心に、知覚や学習などの幅広い研究を行った。

077 タイプA?
Type A

● タイプAってなんだ?

フリードマン、ローゼンマンらが虚血性心疾患（きょけっせいしんしっかん）（心臓疾患の病気）の患者には共通した特徴があることに気づき、「タイプA」行動パターンと名づけました。

タイプAの性格の人は競争的、野心的で、性急、機敏で仕事中毒の人が多いとされます。

この特徴は性格のみに留まらず、健康問題も抱えていることが多く、高血圧や高脂血症が多いとされます。

そのことがどのくらい事実に合致するのか、アメリカ西海岸で大規模な共同研究の結果によれば、タイプAの人は、反対のタイプB行動パターンの人に比べ、約2倍の虚血性心疾患を発症していました。

●「敵意」と「怒りの抑圧」

臨床心理学者が指摘するところによると、タイプAの特徴の中でも危険なのは「敵意」と「怒りの抑圧」とされています。

もともと攻撃性の強い性格というのはあるのですが、タイプAの人は時間切迫感が極めて強いため、他人の行動がスピーディでないと強い怒りの感情に巻き込まれてしまうのです。どんな部下にも始終カリカリしている会社の上司や、手続きがちょっと遅くなると驚くほど怒り出す人を見たことのある人は多いでしょう。

●──すぐやる人 ▶▶▶ タイプAなのかチェック!

タイプAは自分自身がストレスを常に感じているとともに、周囲にもたえずストレスを与える危険性があります。

図77　タイプA
タイプA診断の仕組み

	いつも	しばしば	そんなことはない
1. 忙しい生活ですか	2	1	0
2. 毎日、時間に追われる感じがありますか	2	1	0
3. 仕事や何かに熱中しやすいですか	2	1	0
4. 熱中していると、他のことに気持ちのきりかえができにくいですか	2	1	0
5. やる以上は徹底的にやらないと気がすみませんか	4	2	0
6. 仕事や行動に自信を持てますか	4	2	0
7. 緊張しやすいですか	2	1	0
8. イライラしたり怒りやすい方ですか	2	1	0
9. 几帳面ですか	4	2	0
10. 勝ち気な方ですか	2	1	0
11. 気性が激しいほうですか	2	1	0
12. 他人と競争する気持ちを持ちやすいですか	2	1	0
合計			

17点以上だとタイプA
出所：日本心臓財団より

応用してみよう！
タイプAの人は、自らストレスの多い生活を選び、ストレスを多く受けているにも関わらず、そのことをあまり自覚せずに過ごす傾向があります。その辺りが「性格」と考えられているゆえんでもあります。現在はタイプAのための治療プログラムなどもありますので、参考文献などをもとに、自己診断してみてもいいかもしれません。

●**参考文献**
『Type A Behavior: Its Diagnosis and Treatment』Meyer Friedman　Springer　2013

078 原因特定の仕方を変える
Locus of Control

● ローカス・オブ・コントロールってなんだ？

何かいいこと、たとえば昇進できたら、その原因はなんだと考えますか？

自分が努力したからでしょうか？

それとも、昇進するだけの能力があったからでしょうか？

あるいは、運がよかったからでしょうか？

逆に何か悪いこと、たとえば取引先でのプレゼンがはかばかしくなかったら、どう思いますか？

そういう仕事にはもともと向いていないのでしょうか？

上司や同僚のサポートが不足していたからでしょうか？

通常、物事の原因は1つではありません。しかし、私たちはとっさに「運がよかったのだ！」とか「自分には向いてないから」と思ってしまいがちです。アメリカの心理学者、ジュリアン・ロッターは、物事が起こる原因を「内的・外的」に分けると同時に、「安定的要因・不安定要因」とに分類し、どの要因に分類しがちであるかは、性格によると考えました。

これをローカス・オブ・コントロールといいます。

● 悪いことの要因を内的・安定要因に分類しがちだとつらくなる

昇進試験に落ちたとしましょう。その原因はさまざまある中で、とっさに「自分は昇進できるほど能力がないからだ」と考える性格ですとつらくなります。

◉──すぐやる人 ▶▶▶ 楽観主義！

そのような人は、悪いことが起こった原因を「自己の内面」に求めています。「自己の外面」に目を向ければ「試験の内容が難しい・不適切」なども考えられるのです。
　また「能力」という「あまり変わらない要因」に求めている、という言い方もできるでしょう。
　悪いことが起こったとき、それが自分のせいであり、しかも今後もあまり変わらない要因に求めると、今後もずっと悪いことが自分に起こり続けるということになります。しかし少なくともそれは唯一の要因ではないと知る必要があります。

図78　ローカス・オブ・コントロール
ときには楽観的に考えてみる仕組み

	内的要因	外的要因
安定要因	能力	課題の難易度
不安定要因	努力	運

成功したら…
失敗したら…

悲観的な性格な人は失敗を「運」（外的・不安定要因）に求め、成功を「能力」（内的・安定要因）に求めよう！　物事を楽観的にとらえてみるレッスン！

応用してみよう！
よいことが起こったとき、とっさにその原因を「自分の安定的な内面」に求めることができるでしょうか？　TOEICでハイスコアをとったとき、それを「自分の有能さ」が原因だと思えますか？　それが「運のよさ」（外的・不安定要因）によるものだと思う人は、少しずつでいいので考え方を変えていきましょう。

ジュリアン・ロッター
アメリカの心理学者。人間の行動は目標への期待によって決定され、その期待は社会的状況で学習されると考え、社会的学習理論を提唱した。この理論はその後アルバート・バンデューラなどによって発展する。

【著者紹介】

佐々木正悟 （ささき・しょうご）

1973年北海道生まれ。心理学ジャーナリスト。97年獨協大学卒業後、ドコモサービス勤務を経て、2001年アヴィラ大学心理学科に留学。同大学卒業後、04年ネバダ州立大学リノ校・実験心理科博士課程に移籍。05年に帰国し現在に至る。主な著書として『スピードハックス』(日本実業出版社)、『先送りせずにすぐやる人に変わる方法』(中経文庫)などがある。ブログ「ライフハック心理学」主宰。

すぐやる人に変わる
心理学フレームワーク

2015年2月20日 初版第1刷発行

著　者　佐々木正悟
発行者　村山秀夫
発行所　実業之日本社
〒104-8233　東京都中央区京橋3-7-5 京橋スクエア
　　　　【編集部】TEL.03-3535-2393
　　　　【販売部】TEL.03-3535-4441
実業之日本社のホームページ　http://www.j-n.co.jp/
印刷所　大日本印刷株式会社
製本所　株式会社ブックアート

©Shogo Sasaki 2015 Printed in Japan
ISBN978-4-408-11128-5 （学芸）
落丁・乱丁の場合は小社でお取り換えいたします。

実業之日本社のプライバシーポリシー（個人情報の取り扱い）は上記アドレスのホームページをご覧ください。
本書の一部あるいは全部を無断で複写・複製（コピー、スキャン、デジタル化等）・転載することは、法律で認められた場合を除き、禁じられています。また、購入者以外の第三者による本書のいかなる電子複製も一切認められていません。